Wut und Ärger

Gut umgehen mit starken Gefühlen

Annette Auch-Schwelk

3. Auflage

HAUFE.

Inhalt

Vorwort

»Ich könnte platzen vor Wut!« Haben Sie das auch schon einmal gesagt oder gedacht? Waren Sie außer sich oder blind vor Wut? Haben Sie sich »schwarz geärgert« oder Ihrem »Ärger Luft gemacht?« Na klar, werden Sie vermutlich jetzt sagen. Und damit sind Sie nicht alleine!

Wut und Ärger sind starke Emotionen, die jeden von uns ein ganzes Leben lang begleiten. Sie zu unterdrücken, ist keine gute Idee. Wer seine Wut herunterschluckt oder seinen Ärger beiseiteschiebt, belastet sich selbst und läuft Gefahr, sogar krank zu werden oder gleich einem Vulkan irgendwann zu explodieren und damit die Beziehung zu seinen Mitmenschen zu belasten.

Doch was tun? Der Schlüssel liegt im richtigen Umgang mit unserer Wut und unserem Ärger. Wie Sie die Energien, die diese beiden mächtigen Gefühle freisetzen, zu Ihrem und dem Vorteil anderer nutzen, zeigt Ihnen dieser TaschenGuide. Mithilfe zahlreicher Übungen ergründen Sie diese Emotionen, um sie besser zu verstehen. Sie erfahren, wie Sie Situationen, die Sie zum Explodieren bringen, künftig entschärfen. Sie lernen leicht anwendbare SOS-Strategien für Wut-Notfälle kennen.

Machen Sie das Beste aus Ihrer Wut und Ihrem Ärger!
Viel Erfolg dabei wünscht Ihnen

Annette Auch-Schwelk

Wut und Ärger: viel besser als ihr Ruf

Mit unserer Wut ist es wie mit einem unbeliebten Verwandten: Sie gehört zu uns und zu unserem Leben, allerdings werden sie und ihre Eigenschaften oft nicht geschätzt. Im Gegenteil: Viele fürchten sich sogar vor ihr. Sie denken, dass sie nur Konflikte oder gar Kontrollverlust mit sich bringt, wenn sie sich meldet.

In diesem Kapitel erfahren Sie u. a.,

- welche Macht Wut über uns hat,
- warum Wut zu unserem Leben dazugehört,
- weshalb es entscheidend ist, richtig mit dieser starken Emotion umgehen zu können.

Die Macht der Wut

Manche Menschen »schäumen vor Wut« oder rennen »wutentbrannt weg«. Sie »springen an die Decke« vor Wut oder »ersticken fast daran«. Wut ist eine Grundemotion. In dem Wort Emotion steckt Motio. Das heißt Bewegung, was besonders gut zur Wut passt. Sie ist eine Emotion, die uns die nötige Kraft geben kann, um ins Handeln zu kommen.

Die Geschichte vom Vogel

Ein Schüler will einen alten, weisen Meister prüfen. Er fängt einen Vogel und versteckt ihn hinter seinem Rücken. Er will wissen, ob der Meister herausfindet, was er versteckt hat. Die zweite Frage soll lauten: »Ist der Vogel tot oder lebendig?«

Wenn der Meister antwortet: »Er lebt«, bricht er dem Vogel kurzerhand das Genick und der Vogel ist tot. Wenn der Meister antwortet: »Er ist tot«, lässt er ihn fliegen. Beide Male wird der Meister nichts sehen können. Der Schüler ist sich gewiss, dass diese Aufgabe unlösbar ist. So geht er zum Meister.

Die erste Frage des Jungen: »Was habe ich hinter meinem Rücken?«, beantwortet der Meister mit: »Einen Vogel.« Die zweite Frage: »Ist der Vogel tot oder lebendig?«, beantwortet der Meister mit: »Es liegt in Deinen Händen!«

(Verfasser unbekannt)

Genauso verhält es sich auch mit unserer Wut. Sie ist weder gut noch schlecht. Sie ist, wie sie ist, und sie kommt, wann sie will. Ist sie da, lässt sie sich nur schwer unterdrücken. Doch was Sie dann daraus machen, ob Sie sie als förderliche oder als zerstörerische Kraft einsetzen, ist entscheidend und liegt in Ihren Händen.

Die förderliche Wut

Wut ist eine sehr kraftvolle Energie. Sie können sie nutzen, um sich selbst zu unterstützen. Sie kann Antrieb und Motivator sein, sie kann Ihnen Kraft- und Energiespender sein, um:

- ins Handeln zu kommen,
- etwas in Ihrem Leben zu verändern,
- Neues zu lernen,
- Veränderung herbeizuführen,
- Ihnen aufstehen zu helfen, wenn Sie »hingefallen« sind,
- Grenzen zu setzen,
- für sich selbst und andere einzustehen,
- sich wachzurütteln und Ihre Interessen zu vertreten,
- Ihnen zu zeigen, wenn Ihre Bedürfnisse und Wünsche nicht erfüllt werden.

Blicken Sie zurück. Wann und wo in Ihrem Leben war die Wut eine förderliche Begleiterin für Sie? Bei Ihrer Reflexion helfen die folgenden Fragen:

- Wo in meinem Leben erlebe ich die Wut als förderliche und unterstützende Kraft?
- Wie genau unterstützt sie mich dabei?
- An welche Situation kann ich mich erinnern, in der die Wut hilfreich für mich war?

Die zerstörerische Wut

Doch die Wut kann auch zerstörerisch sein, wenn Sie Ihre Wut unkontrolliert nach außen dringen lassen und mit Worten oder Gegenständen um sich werfen. Sie können zur Furie werden, also zu einem der Wesen, die in der römischen Mythologie auch als Rachegöttinnen bezeichnet wurden, oder es Zeus gleichtun, der, wenn er wütend wurde, einen Blitzschlag als Waffe benutzte gegen jeden, der ihn verärgerte.

Der Wut-Mülleimer

BEISPIEL

»Es muss halt manchmal raus«, sagte mir eine Führungskraft, bei deren Teambesprechung ich anwesend war, »doch meine Kollegen wissen, wie sie mich zu nehmen haben. Ja klar hau ich mal beim Meeting mit der Faust auf den Tisch und sag auch das eine oder andere sehr direkt. Doch die können das ab. Ich würde sagen, wir diskutieren leidenschaftlich.« Die Mitarbeiter schauten derweil betroffen auf den Boden oder zum Fenster hinaus. Keiner sagte ein Wort. Jedem im Raum war klar: Der Einzige, der leidenschaftlich laut war, war der Chef. Einige Mitarbeiter schwiegen lieber, weil sie befürchteten, es mit einer Klarstellung noch schlimmer zu machen. Andere hatten bereits resigniert: »Wir können doch sowieso nichts daran ändern!«

Was meinen Sie: War der Chef »leidenschaftlich« im positiven Sinne? Ich finde, er hatte eine Leidenschaft, die Leiden schafft. Und damit ist er nicht allein. Mir erzählen immer wieder Teilnehmer meiner Seminare, dass sie dem Ärger oder der Wut zu Hause nachgeben und am Partner auslassen. Dabei höre ich Sätze wie:

- »Es geht mir danach besser.«

- »Mein Partner weiß schon damit umzugehen.«

- »Es fühlt sich entspannter und leichter danach an.«

Angenommen, ich verpasse Ihnen eine Ohrfeige. Danach sage ich gleich: »Ach, entschuldigen Sie, das musste halt mal raus. War nicht so gemeint! Ich bin halt eben so der leidenschaftliche Typ.« Ich vermute nicht, dass Ihnen dies gefiele und Sie mir freundlich antworteten: »Ja natürlich, lassen Sie Ihren Emotionen freien Lauf, ich diene Ihnen sehr gerne als Wut-Mülleimer!«

Gleiches gilt natürlich auch für wütende Wortschwalle, also Wut-Tiraden. Wenn Sie der Wut freien Lauf lassen, sehr laut werden oder andere anbrüllen, denken Sie daran: Worte sind wie Waffen. Sie können genauso verletzen und kränken wie Ohrfeigen. Sie hinterlassen Spuren und können im Gedächtnis bleiben.

Vor einigen Jahren habe ich eine schöne Geschichte gehört.

BEISPIEL

Eine Sekretärin hatte einen leicht aufbrausenden Chef. Oft lud er seinen »Wut-Müll« bei ihr ab. Eines Tages rief er sie aus den USA an. Er brüllte in den Hörer, dass sein Gepäck nicht mit im Flieger gewesen sei. Auf die Frage von ihr, ob er diese Info schon an die Fluggesellschaft weitergeleitet hatte, brüllte er ein »Ja« zurück, um sich dann über den beschwerlichen Flug aufzuregen. Ruhig fragte die Sekretärin: »Was möchten Sie gerne, was ich jetzt für Sie tun soll?« Daraufhin entgegnete der Chef: »Sie können auch nichts machen.« – und legte auf.

Manchmal braucht es nur einen Satz, um anderen nicht mehr als »Wut-Mülleimer« zu dienen.

Das Rumpelstilzchen

Doch nicht nur im Außen kann die unkontrollierte Wut Schaden anrichten. Wer seine Wut gegen sich selbst richtet, läuft Gefahr, selbstzerstörerisch zu agieren – wie einst Rumpelstilzchen im gleichnamigen Märchen der Gebrüder Grimm.

BEISPIEL

Ich hatte vor vielen Jahren einen cholerischen Chef, mit dem ich ein Büro teilte. Er saß hinter mir, so dass er mir direkt »im Nacken saß«. Immer wenn er wütend war, zog ich den Kopf ein, denn es kam schon mal vor, dass er die Tastatur an die Wand warf. Wenn er richtig, richtig wütend war, schlug er gewaltig mit der Faust auf den Tisch, einmal so stark, dass er sich dabei verletzte. Er wirkte auf mich wie Rumpelstilzchen, das sich vor Wut selbst zerreißt, als die Königin seinen richtigen Namen nennt.

Der Vulkan

Es gibt die einen, die ihre Wut allen anderen entgegenschreien. Und dann gibt es diejenigen, die ihre Emotionen tief in sich verbergen und die Wut immer dann, wenn sie hochkommen möchte, kräftig nach unten drücken. Wenn Sie sich nie erlauben zu schauen, was hinter der Wut steckt, wenn Sie sie nie »zu Wort kommen zu lassen«, kann das ebenso zerstörerisch wirken wie ein Rumpelstilzchen-Dasein. Es wirkt sich vor allem negativ auf Ihre Gesundheit aus. Krankheiten und körperliche Beschwerden sind die Folge, unter anderem können das sein:

- Rücken- oder Nackenschmerzen,
- Bluthochdruck,
- Schlafstörungen,

- Magen- und Darmprobleme,

- Atemprobleme,

- beschleunigter Herzschlag.

BEISPIEL

Eine Seminarteilnehmerin, ich nenne sie hier Marion, zeigte kaum Emotionen und wirkte auf mich zurückhaltend. Im Lauf des Seminares wurde immer deutlicher, wie unzufrieden sie ist. Ihr Chef war ein Tyrann, der ihr und anderen das Leben schwermachte. »Früher habe ich mich noch darüber aufgeregt, doch das mache ich schon lange nicht mehr«, sagte Marion. Ein wenig später berichtete sie von ihren gesundheitlichen Problemen. die sie durch die Erlebnisse mit ihrem Chef bekommen hat. »Wenn ich ihn schon sehe, dreht sich mir der Magen um!« Für Marion sind Magenschmerzen zur Normalität geworden. Sie hat sie fast täglich.

Während des Seminares erfuhr Marion von den anderen Teilnehmern und mir viel Unterstützung. Wir ließen sie selbst Lösungen erarbeiten und schlugen ihr Lösungsmöglichkeiten vor. Am Ende des Seminars sagt sie: »Ich glaube, das bringt alles nichts. Jetzt habe ich schon zehn Jahre meinen Chef ertragen, die fünf Jahre, bis er in Pension geht, schaffe ich auch noch!«

Marion hat sich damit abgefunden, dass es so ist, wie es ist. Wut und Ärger unterdrückt sie seit Jahren. Ihre gesundheitlichen Probleme nimmt sie in Kauf. Vielleicht fragen Sie sich jetzt: »Wie kann man sich das nur antun? Warum lässt sie sich das gefallen? Merkt die denn nicht, dass sie selbst schuld ist an ihrem Leid?« Es ist oft so einfach, über andere zu urteilen – und meist so schwer, bei sich selbst zu erkennen, was los ist. In dem Fall von Marion ist es, als ob sie in einem Gefängnis sitzt. Die Türe ist offen, doch Marion bleibt starr und bewegungslos sitzen. Es brodelt in ihr und sie weiß nicht wohin mit all der aufgestauten Wut – ähnlich einem Vulkan, der jeden Augenblick zum Ausbruch kommen kann.

Vielleicht gehört sie zu den Menschen, die nie gelernt haben mit ihrer Wut umzugehen. Weshalb sie es nicht lernten? Die Liste der Möglichkeiten ist lang. Hier einige Beispiele:

- Sie mussten vielleicht als Kind artig und lieb sein, wurden bestraft, wenn sie wütend wurden, oder unterdrückt: »Das macht man nicht«, »Reiß dich zusammen!«.

- Vielleicht haben sie in ihrem Umfeld, in dem sie aufgewachsen sind, viel Wut und Aggression erlebt. Vielleicht war es normal, dass sie angeschrien oder sogar körperlich verletzt wurden.

- Oder sie hatten keine Vorbilder für ihre Wut und niemand zeigte ihnen, wie sie mit dieser starken Energie in sich so umgehen können, dass es weder für sie noch für ihr Umfeld schädlich ist.

Haben Sie einmal versucht, einen voll aufgeblasenen Wasserball unter die Wasseroberfläche zu drücken und dort auch eine Weile zu halten? Dann wissen Sie sicherlich, wie viel Kraft das kostet und dass es sehr anstrengend ist. Die Arme beginnen zu schmerzen und es kann gut sein, dass der Wasserball Ihnen bald aus den Händen rutscht und recht schnell nach oben an die Wasseroberfläche schießt.

Genauso kann es mit der unterdrückten Wut sein. Jahrelang unterdrückt, kann sie irgendwann von jetzt auf gleich mit voller

Gewalt in Form einer Kurzschlussreaktion nach außen treten. Was jahrelang angestaut wurde, muss jetzt raus, es schießt nun nach oben!

Reflexion

Wann und wo in Ihrem Leben hat Ihre Wut eine zerstörerische Wirkung? Nutzen Sie die folgenden Fragen für Ihre Reflexion:

1. Wo in meinem Leben erlebe ich die Wut als zerstörerische, anderen Leid zufügende Kraft?
2. An welche Situation kann ich mich erinnern, in der die Wut zerstörerisch für mich war?
3. Wie genau zerstört sie mich dabei oder andere?

Am Umgang mit der Wut lässt sich arbeiten

Das Gute ist: Auch als Erwachsene können wir noch lernen, einen für uns und andere Menschen gesunden Umgang mit der Wut zu finden. Ist die unterdrückte Wut bereits sehr stark und kraftvoll, kann es sinnvoll und wichtig sein, sich hierfür die Hilfe von einem Arzt oder Therapeuten zu holen. Bei anderen kann es ein guter Anfang sein, die Wut unterdrückenden Sätze, die man ein Leben mit sich herumgeschleppt hat, ganz bewusst umzuformulieren.

Sagen Sie statt: »Ich kann ja nichts dafür«, »Es ist halt so. Man kann nichts machen«, »Es muss halt raus«, besser: »Ich lerne jetzt einen gesunden Umgang mit meiner Wut, mit meinem Ärger. Zum Wohle anderer und für mich selbst.«

Ich bin wütend, und das ist gut so!

Stellen Sie sich vor, ein guter Freund ruft Sie an und sagt, er möchte gerne etwas mit Ihnen besprechen. Es ist ihm wichtig, dass Sie sich etwas Zeit dafür nehmen. Was machen Sie? Ignorieren Sie ihn und legen gleich wieder auf? Vergessen Sie das, was er gesagt hat, um ihm von Ihrem spannenden Tag zu erzählen? Die Antwort ist klar: Sie werden ihm am Telefon zuhören oder ein persönliches Treffen für das Gespräch vereinbaren. Sie sind für ihn da, Sie hören, was er zu sagen hat, und helfen ihm, wenn er Sie um Unterstützung bittet.

Stellen Sie sich jetzt vor, die Wut ist wie ein guter Freund, eine gute Freundin. Sie kommt, um Ihnen etwas mitzuteilen. Sie ist eine Lebensenergie, die auftaucht, wenn etwas für Sie nicht in Ordnung ist, wenn etwas aus dem Gleichgewicht geraten ist.

Ihr Date mit sich selbst

Viele Menschen wissen besser über die Protagonisten ihrer Lieblings-Daily-Soap Bescheid als über diejenige Person, die sie tagtäglich im Spiegel sehen. Schauen Sie Ihr Spiegelbild bewusst an? Kennen Sie die Person, die Sie dort sehen? Oder ist es eher so, wie bei einem meiner Coaching-Klienten, der sein Spiegelbild früher freundlich begrüßte mit: »Ich kenne dich nicht, rasiere dich aber trotzdem.«

Seien Sie ehrlich zu sich selbst. Geht es Ihnen so ähnlich, sollten Sie sich richtig kennenlernen. Lächeln Sie Ihrem Spiegelbild zu und sagen Sie sich: »Hey, wer bist du denn? Lust auf ein Date?« Vereinbaren Sie einen Termin mit sich selbst. Lernen Sie all das, was in Ihnen ist, alle Ihre Gefühle und Emotionen besser kennen. Nehmen Sie sich Zeit dafür. Nehmen Sie sich Zeit für sich selbst!

Wer ist der Kapitän auf Ihrem Schiff?

Stellen Sie sich vor, Sie sind der Kapitän auf einem Schiff. Sie haben das Steuer in der Hand. Doch Sie sind nicht alleine. All Ihre Gefühle und Emotionen sind mit an Bord. Ihre Mannschaft. Da gibt es den Humorvollen, die Lustvolle, den Gelassenen, die Ärgerliche, den Wütenden und noch viele mehr.

Mit den für uns angenehmen Gefühlen und Emotionen sind die meisten Menschen einverstanden. Doch was ist mit solchen, die für Sie unangenehm sind? Die schmerzhaft sind, die Sie verletzen? Einige möchten Sie am liebsten über Bord werfen. Doch das ist nicht möglich. Sie gehören alle zu Ihnen. Sie können auf keinen davon verzichten. Sie bilden Ihr Team, ob Sie wollen oder nicht. Ab und zu haben Sie als Kapitän Schwierigkeiten, das Gefühl zu verstehen, oder Sie kommen überhaupt nicht mit ihm klar. Es braucht dann einen Dolmetscher oder einen Schlichter in Gestalt eines Therapeuten, Coach, Mediators oder einfach eines Menschen, der »die Sprache des anderen gut spricht« und übersetzen bzw. vermitteln kann.

Heißen Sie Ihre Wut an Bord willkommen

Alle Gefühle und Emotionen gehören zu Ihnen, sind ein Teil von Ihnen. Sie alle! Ob Sie wollen oder nicht. Alle haben ihre Berechtigung. Alle haben ihre positiven Absichten. Alle wollen von Ihnen gesehen, gehört, respektiert, wertgeschätzt, geliebt und angenommen werden. Das ist nicht immer einfach und teilweise ein anstrengender Weg. Doch es kann auch viel Spaß machen. Seien Sie neugierig auf das, was kommt. Erforschen Sie die Wut in Ihnen. Lernen Sie diese besser kennen. Nehmen Sie sich Zeit. Sagen Sie ihr: »Danke, dass du gerade hier bist und mir zeigst, dass etwas für mich nicht in Ordnung ist. Dass ich mich bedroht, schlecht oder ungerecht behandelt fühle. Dass jemand über meine Grenzen gegangen ist oder dass ich enttäuscht bin, weil ich etwas nicht erreicht habe.«

Prüfen Sie, was los ist. Fragen Sie sich:

- Weshalb taucht die Wut gerade jetzt in meinem Leben auf?

- Worauf will sie mich aufmerksam machen?

»Toni hat das Steuer in der Hand!«

Wenn Sie Lust haben, können Sie Ihren Mannschaftsmitgliedern Namen geben. Einer meiner Seminarteilnehmer nannte seine Wut »Toni«: »Jetzt hat der kleine Toni wieder das Steuer in der Hand!« Dabei fing er an zu schmunzeln und konnte sich so etwas entspannen. Das half seinem Kapitän, der für einen Moment nicht achtsam war, das Steuer wieder in die Hand zu nehmen.

»Wir haben die Pest an Bord«

Wenn Sie Ihrer Wut freien Lauf lassen und diese das Steuer Ihres Schiffes zu lange übernimmt, dann kann es sein, dass Sie sich selbst und anderen Schaden zufügen – dass Ihr Schiff zu kentern droht. Doch genauso ungesund und destruktiv ist es, wenn Sie die Wut unterdrücken, sie stets auf den hinteren Teil des Schiffes verbannen, wenn sie kommt. Ihr nie Beachtung schenken und sie ablehnen. All dies kann dazu führen, dass Sie plötzlich »die Pest an Bord haben«: Sie werden krank.

»Oh Captain, my Captain«

Im Film »Der Club der toten Dichter«, aus dem auch das Zitat »Oh Captain, my Captain« stammt, spielt Robin Williams einen Lehrer, der die Schüler eines konservativen Internates in den 1960er-Jahren dazu anregt, eigenständig und frei zu denken und zu handeln. Er hilft ihnen zu entdecken, was in ihnen steckt. Er fordert und fördert sie mit damals sehr unkonventionellen Methoden. Hierfür braucht er vor allem eines: Mut. Mutig geht er gegen ein System an, das erstarrt ist in Konventionen und in der Überzeugung: »So haben wir es schon immer gemacht und so hat es sich bewährt«. Er dagegen fragt: »Und was gibt es noch?«

Es gehört auch Mut dazu, sich seine Wut und seinen Ärger genauer anzusehen. Sich zu fragen: Wieso bin ich gerade so ärgerlich oder wütend? Was hat mich verletzt? Welche Bedürfnisse von mir wurden nicht erfüllt? Lassen Sie sich von Ihrer Wut und Ihrem Ärger mutig leiten zu Orten auf Ihrem Schiff, die Sie noch nie oder schon lange nicht mehr betreten haben. Vielleicht weil es Plätze sind, die Sie nicht mögen oder vor denen Sie sich insgeheim fürchten. Vielleicht weil die Erinnerung daran zu sehr schmerzt. Lassen Sie sich von Ihrer Wut und Ihrem Ärger dabei unterstützen, diese Orte aufzusuchen, damit Heilung stattfinden kann.

> William Ernest Henley schreibt in seinem Gedicht »Invictus«: »Ich bin der Meister meines Los'. Ich bin der Käpt'n meiner Seel'!« Wichtig ist, dass Sie sich das Steuer nicht aus der Hand nehmen lassen! Sie sind der Kapitän. »Ihr kleiner Toni« darf danebenstehen und bekommt seinen Teil Ihrer Aufmerksamkeit. Doch seien Sie mutig und steuern Sie das Schiff selbst.

Das A und O: richtig umgehen mit Wut und Ärger

Wenn Sie Ihrer Wut freien Lauf lassen, kann diese zerstörerische Kräfte entwickeln, einem Tsunami gleich alles zerlegen. Vielleicht denken Sie jetzt: »Wenn mich jemand schlecht behandelt, will ich es ihm aber ordentlich heimzahlen!« Solche Rachegelüste sind verständlich, doch führen sie zu dem gewünschten Ergebnis?

BEISPIEL

Eine meiner Seminarteilnehmerinnen, nennen wir sie Olivia, erzählte mir, dass ihr Chef gerne Mitarbeiter vor anderen bloßstellt. Er macht sich lustig und bringt oft Kommentare unter der Gürtellinie. Ihr Chef ist 1,90 Meter groß und kräftig. Alleine aufgrund seiner Erscheinung fühlt sich die 1,60 Meter große, zierliche Olivia bereits eingeschüchtert.

Bisher hat sie immer alles heruntergeschluckt. Sie es nie gewagt, ihrem Chef zu sagen, wie es ihr geht, wenn er sie so behandelt. Die Angst um ihren Arbeitsplatz hält sie davon ab. Stattdessen erträgt sie seine Schikanen und geht jeden Morgen mit einem mulmigen Gefühl zur Arbeit. Sie ist damit nicht alleine. Keiner im Team traut sich etwas zu sagen.

Wieder einmal saß sie im Meeting und während ihr Chef sich über sie lustig machte, merkte sie, wie wütend sie wurde: »Ich habe plötzlich eine ungeheure Wut in mir verspürt. Es war, als ob sie mit voller Kraft von mir Besitz nimmt. Ich nahm meinen ganzen Mut zusammen und habe ihn direkt angeschaut. Mit klarer und kraftvoller Stimme habe ich ihm gesagt: Ich möchte jetzt sofort mit Ihnen sprechen. Wir gehen gemeinsam vor die Türe!« Tatsächlich ist ihr Chef mitgegangen. Vor der Türe hat sie ihm ruhig und klar erklärt, dass sie seine Aussagen als respektlos empfindet und nicht möchte, dass er so mit ihr spricht. »Seitdem hat er mich nie wieder vor anderen bloßgestellt«, erzählt mir Olivia.

Hätte Olivia ihrer Wut freien Lauf gelassen und ihren Chef vor den Kollegen angeschrien und ihm gesagt, was für »ein verdammter Idiot« er ist, hätte ihr dies vielleicht für einen Augenblick Genugtuung verschafft. Doch vermutlich hätte er dann nicht aufgehört, sich über sie lustig zu machen, und sie vielleicht sogar noch stärker attackiert als vorher.

Olivia wählte jedoch einen anderen Weg: Sie setzte die Wut als förderliche und unterstützende Kraft ein, um endlich für sich einzustehen, zu sagen, was sie stört, und Grenzen gegenüber ihrem Chef zu setzen.

Das Beispiel zeigt: Es ist im Zweifel besser, seine Wut in kontrollierten Bahnen zu halten. Spüren Sie, dass Ihnen das gerade nicht gelingen würde, weil Sie extrem wütend sind, Ihre Wutenergie gerade auf dem Höhepunkt ist, warten Sie lieber, bis sie vorbeigezogen ist und Sie wieder einen klaren Kopf haben.

Warten Sie nicht zu lange

Oder Sie lassen es gar nicht so weit kommen mit Ihrer Wut und reagieren bereits, wenn sich die ersten Anzeichen von Wut und Ärger in Ihnen aufbauen. Dass das in vielen Situationen sinnvoll sein kann, will ich Ihnen demonstrieren an einer kleinen Geschichte, die ich vor einigen Jahren in der Lounge der Deutschen Bahn im Hamburger Hauptbahnhof erlebte:

Ich warte dort auf meinen Zug. Obwohl der Raum voll mit Menschen ist, ist es doch erstaunlich ruhig. Doch plötzlich hat die angenehme Ruhe ein Ende: Ein Mann fängt an zu telefonieren. Nicht leise und nicht dezent, sondern laut und mit kräftiger Stimme. In der ansonsten herrschenden Stille ist jedes Wort, das er spricht, deutlich zu hören. Ich merke schnell, dass ich nicht die Einzige bin, die dies stört. Auch andere blicken ihn an; einige verdrehen genervt die Augen. Es ist für mich spannend zu beobachten, wie sich die anfängliche Genervtheit bei einigen Menschen immer mehr steigert bis hin zur Wut.

Doch das scheint der Telefonierende gar nicht zu bemerken, im Gegenteil: Ich habe den Eindruck, dass der Mann am Telefon die Aufmerksamkeit der anderen genießt. Er erzählt laut und deutlich von seinen Projekten und seinen Leistungen. Das findet plötzlich ein jähes Ende: Ein Mann springt auf und brüllt den

Störenfried an: »Jetzt hören Sie endlich auf, hier zu telefonieren, oder gehen Sie nach draußen! Uns interessiert es einen Scheiß, was Sie tun.« Mit hochrotem Kopf setzt er sich wieder, während ein paar andere Anwesende anfangen zu klatschen. Wieder andere schauen erschrocken auf.

Der Angeschriene hört sofort auf zu telefonieren und verlässt eilig mit hochrotem Kopf die Lounge. Er wirkt auf mich beschämt, wie ein kleiner Junge, der vor versammelter Mannschaft bloßgestellt wird. Auch der Brüller wirkt nicht entspannt und zufrieden, dass nun wieder Ruhe in der Lounge ist, sondern blickt, ebenfalls mit hochrotem Kopf, noch eine Weile ärgerlich vor sich hin.

Die Ruhe ist wiederhergestellt, doch zu welchem Preis? Ich weiß nicht, welches Bedürfnis der Mann am Telefon hatte. Vielleicht war es ihm nicht bewusst, wie sehr sein Verhalten die anderen störte. Oder es war ihm sehr wohl bewusst und er genoss für den Augenblick die Aufmerksamkeit. Vielleicht war sein Bedürfnis nach Anerkennung stark ausgeprägt und sein Telefonieren war der etwas hilflose Versuch, ihm Rechnung zu tragen. Das sind alles Vermutungen, doch eines ist sicher: Die Situation hätte für alle Beteiligten entspannter ausgehen können.

Das heißt nicht, dass Sie es gut finden sollen, wenn jemand laut neben Ihnen telefoniert. Doch wie wäre es gewesen, wenn der Mann etwas früher – also vor dem Höhepunkt seiner Wut – auf den Telefonierenden zugegangen wäre und ihn ruhig gebeten hätte, leiser zu telefonieren? Vielleicht hätte die Situation dann für alle ein etwas weniger wütendes und beschämendes, dafür vielleicht friedlicheres Ende genommen.

Wut und Scham – zwei, die sich gut kennen

BEISPIEL

Eine Seminarteilnehmerin, Luisa, erzählte mir, dass sie ihren Ärger über den Job oft zu Hause an Ehemann und Kindern auslässt. »Den ganzen Tag während der Arbeit muss ich meinen Ärger zurücknehmen, da kann ich mich abends einfach nicht mehr zurückhalten«, sagte sie mir. »Oft streite ich mit meinem Mann vor den Kindern. Und auch sie bekommen meinen Ärger ab. Da fällt dann schon öfter mal ein lautes Wort. Dabei meine ich das doch nicht so und es tut mir ja danach auch leid. Doch ich weiß nicht, wie ich das ändern soll. Ich schäme mich dafür. Ich bin den Kindern kein gutes Vorbild«, sagte sie leise.

Viele Menschen, die dem Ärger oder der Wut freien Lauf lassen, schämen sich danach für das, was sie gesagt oder getan haben.

Ich fragte Luisa, woher der Ärger bei der Arbeit kommt. Sie erzählte, dass sie, nun da die Kinder größer sind, seit sechs Monaten wieder fünf Stunden pro Tag arbeiten geht. Es fällt ihr sehr schwer, sich nach einer jahrelangen Auszeit wieder an den Arbeitsalltag zu gewöhnen. Sie hat Angst, dass sie ihre Arbeit nicht so gut macht wie ihre Kollegen: »Die anderen sind viel schneller als ich!«. Auch wenn ihre Chefin zufrieden mit ihr ist, bleiben dieses Gefühl von Unsicherheit und die Bedenken, es nicht wirklich gut zu machen. Sie findet sich zu langsam und gönnt sich keine Pause. Das stresst sie sehr. Sie wird immer gereizter und wenn ihre Chefin ihr noch mehr Arbeit gibt, da es so gut läuft, traut sie sich nicht zu sagen, dass es ihr zu viel wird. Die Kolleginnen gehen jeden Morgen gemeinsam kurz in die Pause. Gerne würde sie mitgehen, doch sie findet bei »nur« fünf Stunden pro Tag geht das doch nicht.

Am Anfang fand sie es noch toll, dass die Gemeinschaft im Büro so klasse ist. Doch jetzt ärgert sie sich darüber, dass die Kolleginnen gemeinsam in die Pause gehen. »Die könnten mir ruhig mehr helfen, bei der vielen Arbeit, die ich habe, und der wenigen Zeit, die ich da bin. Das macht mich inzwischen richtig wütend«, sagt sie grimmig dreinblickend zu mir.

Umso mehr sich bei Luisa im Berufsalltag anstaut, umso mehr lässt sie dies an ihrer Familie aus, wenn die nicht genau nach ihren Vorstellungen reagiert. Sie wird wütend und wirft mit Worten um sich, für die sie sich später schämt.

Wertvoller Partner: ein starkes Selbstwertgefühl

Für Menschen wie Luisa ist es wichtig, dass sie ihr Selbstwertgefühl wieder stärken. Dass sie lernen, nicht mehr so stark auf ihren inneren Kritiker zu hören, sondern dass sie sich (wieder) bewusst werden, was sie alles können, was sie alles bereits erreicht haben. Dass es Zeit braucht, um in eine neue Situation hineinzuwachsen. Für Luisa ist es wichtig, sich einzugestehen, ein Mensch mit Stärken und Schwächen zu sein, und zu erkennen, dass ihr eigener Anspruch, eine »perfekte Mutter und

Mitarbeiterin« zu sein, zu viel für sie ist. Sie darf lernen Nein zu sagen, wenn ihr die Arbeit zu viel wird. Sie darf sich erlauben, ab und zu mit den Kolleginnen in die Pause zu gehen. Zum Wohle für sich selbst und für das Team.

Luisa erzählt mir weiter, dass sie als Kind oft von ihren Mitschülern gehänselt wurde im Unterricht, da sie etwas langsamer war als die anderen Kinder. »Ich habe mich so oft dafür geschämt«, sagt sie. »Dass ich ein sehr kreatives Kind war und andere Begabungen hatte, wurde von meinen Eltern nicht anerkannt.«

»Es ist nie zu spät, eine gute Kindheit gehabt zu haben«, sage ich zu Luisa. Ich empfehle ihr, sich um die »kleine Luisa« in ihr, die als Kind oft gehänselt wurde und nicht die Anerkennung bekommen hat, die sie sich gewünscht und die sie gebraucht hätte, zu kümmern.

Der Gedanke »Ich bin nicht richtig, so wie ich bin« begleitet Luisa ihr Leben lang. Das möchte sie jetzt ändern und holt sich hierfür Unterstützung. »Eigentlich könnte ich meiner Wut dankbar sein«, sagt sie lächelnd, »Sie hat mir gezeigt, dass es Zeit ist, meine alten Wunden zu heilen. Anstatt die anderen als Sündenböcke hinzustellen und mich danach für meine Worte zu schämen, werde ich jetzt mein Selbstwertgefühl stärken.«

Eine Reflexion zur Scham

Wie geht es Ihnen mit Ihrer Wut und Scham? Um das herauszufinden, können folgende Fragen hilfreich sein.

Fragen zum eigenen Verhalten

- Was habe ich gesagt oder getan, wofür ich mich schäme?
- Wie habe ich mich kurz davor gefühlt?
- Welche Auswirkungen nehme ich dabei in meinem Körper wahr?
- Angenommen, ich erlaube mir einen Augenblick, die Scham so anzunehmen, wie sie ist, welche Auswirkungen hat dies auf mein Denken und mein Fühlen?
- Was hat mich dazu gebracht, das, wofür ich mich schäme, zu tun oder zu sagen?
- Welche Bedürfnisse beeinflussen mein Handeln?
- Wie bewerte ich die Situation?
- Wie wünsche ich mir, dass ich stattdessen reagiert hätte?
- Was kann mir helfen, mich daran zu erinnern, beim nächsten Mal anders zu reagieren und meine Bedürfnisse mitzuteilen?

Fragen zum Verhalten anderer

- Gibt es Situationen in meinem Leben, in denen ich mich durch andere beschämt oder bloßgestellt gefühlt habe?
- Wie habe ich mich kurz davor gefühlt?

- Welche Auswirkungen nehme ich dabei in meinem Körper wahr?

- Angenommen, ich erlaube mir einen Augenblick die Scham so anzunehmen, wie sie ist, welche Auswirkungen hat dies auf mein Denken und mein Fühlen?

- Welche Reaktion hätte ich mir von der Person, die mich beschämt hat, stattdessen gewünscht?

- Was will mir meine Scham in den betreffenden Situationen mitteilen? Welche Gefühle und Bedürfnisse liegen bei mir dahinter verborgen?

- Wie hätte ich dem anderen meine Bedürfnisse mitteilen können? Worum hätte ich ihn gegebenenfalls bitten können?

- Was kann mir helfen, mich daran zu erinnern, beim nächsten Mal meine Bedürfnisse mitzuteilen?

Auf einen Blick: Wut und Ärger – viel besser als ihr Ruf

- Wut ist weder gut noch schlecht. Was wir aus ihr machen, ist entscheidend.

- Wut ist eine Emotion, die uns die nötige Kraft gibt, um ins Handeln zu kommen. Sie kann förderlich sein. Sie kann Energiespender, Antrieb und Motivator sein.

- Wut kann zerstörerisch sein uns selbst und anderen gegenüber. Sie kann zu gesundheitlichen Problemen führen, wenn wir keinen passenden Umgang mit ihr finden.

- Die gute Nachricht: Ein guter Umgang mit Ärger und Wut lässt sich lernen. Ein erster Schritt in diese Richtung ist es, sich selbst besser kennenzulernen.

Auslöser: was uns wütend und ärgerlich macht

Was den einen so richtig wütend macht, lässt den anderen kalt. Doch weshalb ist das so? Warum ärgern wir uns alle über verschiedene Dinge?

In diesem Kapitel erfahren Sie u. a.,

- weshalb Wut und Ärger etwas Persönliches sind,
- wie Sie Ihren Wutauslösern, Ihren roten Knöpfen, auf die Spur kommen,
- warum es eine sehr gute Idee ist, ein Wut- und Ärger-Tagebuch zu führen.

Die roten Knöpfe, oder: Weshalb Wut etwas Persönliches ist

Kennen Sie das? Sie regen sich über jemanden auf, Sie sind ärgerlich oder vielleicht sogar richtig wütend auf ihn. Ihre Kollegin oder Ihr Partner schaut Sie verwundert an und fragt: »Was hast du denn, so schlimm ist er doch gar nicht!«

In Köln, wo ich lange gelebt habe, heißt es: »Jeder Jeck ist anders«, frei übersetzt: »Jeder Mensch ist anders«. Das gilt auch für Wut oder Ärger. Der eine reagiert auf eine Bemerkung ärgerlich oder wütend, weil er sich verletzt fühlt, der andere bleibt völlig entspannt. Im Stau regt sich der eine auf, weil er nicht weiterkommt und zum Stillstand verdonnert ist, der andere akzeptiert ihn und geht entspannt damit um, weil er nichts daran ändern kann.

Wann sind Sie verärgert oder wütend?

BEISPIELE VON MEINEN SEMINARTEILNEHMERN

Es ärgert mich/macht mich wütend, ...

- »wenn ich Auto fahre oder im Stau bin oder mir jemand zu dicht auffährt.«
- »wenn ich den ganzen Tag in Meetings sitze und nichts dabei rauskommt. Wenn ich also meine Zeit als vergeudet ansehe und sinnlos eingesetzt.«
- »wenn meine Kinder morgens trödeln und ich längst bei der Arbeit sein müsste. Das überfordert mich oft. Ich bin dann im Zeitdruck und fühle mich hilflos.«
- »wenn es mir mal wieder schwerfällt, Nein zu sagen und meine Kollegen das dann prompt ausnutzen. Obwohl sie es wissen, tun sie es trotzdem. Das enttäuscht mich schwer.«

- »wenn ich sehe, dass alle anderen befördert werden, nur ich nicht. Mir wird dann klar, dass mein Potenzial nicht anerkannt und wertgeschätzt wird. Ich bin unzufrieden mit der Situation, doch in meinem Alter eine neue Arbeit zu finden ist schwer.«
- »wenn mein Partner mich mal wieder, wie so oft, vor Freunden kritisiert und mich persönlich angreift.«

Diese Beispiele zeigen es: Es gibt unzählige Anlässe für Ärger und Wut. Sie sind so unterschiedlich, wie wir Menschen es sind. Wir haben alle höchst individuelle rote Knöpfe, die nur kurz angetippt werden müssen, damit wir an die Decke gehen.

Was Menschen wütend oder ärgerlich werden lässt

Menschen werden wütend oder ärgerlich, wenn

- sie sich ungerecht behandelt fühlen,
- sie sich persönlich angegriffen fühlen, ihnen aus ihrer Sicht nicht genug Respekt oder Wertschätzung entgegengebracht wird,
- sie sich nicht wahrgenommen und gesehen fühlen,
- ihr Selbstwertgefühl gerade schwach ist,
- sie keine Kontrolle über die Situation haben,
- sie sich hilflos und ausgeliefert fühlen,
- sie sich bedroht fühlen,
- sich ihnen die Sinnhaftigkeit ihres Tuns nicht erschließt,

- sie überfordert sind,

- sie ein Ziel, ein Ergebnis, das ihnen wichtig ist, nicht erreichen.

- sie etwas verlieren, das ihnen wichtig ist, sei es eine Position, einen Status oder ein Privileg,

- ein dringender Wunsch nicht in Erfüllung geht,

- sie ausgenutzt werden und sie nicht wissen, wie sie sich abgrenzen können,

- wenn sie körperlich oder verbal angegriffen werden.

Das Fatale daran: Oft denken wir nur, dass jemand gegen unsere Interessen oder gegen uns selbst handelt. Dabei ist das in Wirklichkeit häufig gar nicht die Intention unseres Gegenübers und es besteht eigentlich kein Grund, wütend oder ärgerlich zu werden.

Die Quelle ärgerlicher Missverständnisse: enttäuschte Erwartungen

Die Ursache für solche Missverständnisse: Wir alle denken unterschiedlich. Wir haben unterschiedliche Erfahrungen gemacht. Wir alle haben andere Vorstellungen, Wünsche, Erwartungen, wie etwas zu sein hat und wie sich jemand zu verhalten hat. Doch nicht immer geschieht es so, wie wir es uns vorstellen, wie wir es erwarten oder uns wünschen. Kränkung und Enttäuschung sind damit vorprogrammiert, wie auch das folgende Beispiel zeigt.

BEISPIEL

Vor einigen Jahren stellte ich eine Frau ein. Nach ein paar Tagen sagte ich lächelnd zu ihr: »Lassen Sie sich ruhig Zeit bei der Einarbeitung. Es dauert sicherlich ein paar Monate, bis Sie mit allem vertraut sind.« Ich dachte dabei: »Ich bin eine gute Chefin, ich gebe ihr Zeit, ganz in Ruhe anzukommen!« Ab diesem Zeitpunkt sah mich die Mitarbeiterin entweder gar nicht mehr an, oder bedachte mich höchstens noch mit einem wütenden Blick. Schließlich fragte ich, was los sei. Sie schaute mich an und sagt mit wutverzerrtem Gesicht: »Sie trauen mir überhaupt nichts zu. Sie behaupten, ich brauche einige Monate, bis ich eingearbeitet bin.« Ich war baff. Was für ein Missverständnis!

Das Beispiel zeigt, wie wichtig es ist,

- miteinander zu sprechen,
- dem anderen mitzuteilen, wie das Gesagte bei einem selbst ankommt, und
- nachzufragen bei Unsicherheiten.

Nur dann werden die roten Knöpfe auch für andere sichtbar.

Mehr Selbst-Bewusst-Sein für Ihre Emotionen

Selbstbewusstsein heißt: sich seines Selbst bewusst sein. Übertragen auf unsere Wut bedeutet das: Sie sind sich bewusst, in welchen Situationen Sie ärgerlich werden oder welche Worte und Handlungen anderer Wut in Ihnen auslösen. Umso bewusster Sie sich dessen sind, desto schneller können Sie ins Handeln kommen.

Stellen Sie sich vor, Ihr Ärger ist wie ein Feuer in Ihnen. Wenn Sie spüren, dass das Feuer in Ihnen erwacht, dann haben Sie zwei Möglichkeiten: Sie können gerade so viel Holz hinzufügen, dass das Feuer Sie wärmt. Oder Sie heizen es so richtig an, dass alles um Sie herum verbrennt. Wenn Sie wissen, was Ihr Feuer, also Ihren Ärger, Ihre Wut, so richtig zum Brennen bringt, dann können Sie es besser steuern.

Übung: Die Wut- und Ärger-Strichliste

Werden Sie sich darüber bewusst, wie oft Sie ärgerlich oder wütend sind. Ein bis zwei Mal im Monat? Ein bis zwei Mal die Woche? Ein bis zwei Mal am Tag? Oder vielleicht sogar mehrmals täglich?

Am besten können Sie das herausfinden, wenn Sie es schriftlich dokumentieren. Führen Sie dazu eine Woche lang eine Strichliste. Halten Sie dort fest, wie oft Sie sich am Tag geärgert haben, sei es über eine Situation oder über einen Menschen. Machen Sie jedes Mal einen Strich auf Ihrer Liste.

Wut und Ärger können manchmal minimal sein und gleich wieder verschwinden. Sie können jedoch auch sehr intensiv sein und lange anhalten. Hilfreich ist es daher auch, in der Liste jeweils gleich festzuhalten, wie stark Ihr Ärger und Ihre Wut in der Situation sind. Um das zu prüfen, empfehle ich Ihnen, eine Skala 0 bis 10 anzuwenden. 0 steht für: »Ich verspüre kaum Wut oder Ärger«, 10 steht für die am stärksten vorstellbare Wut. Schreiben Sie den jeweils zutreffenden Wert hinter die Striche.

Nach einer Woche sehen Sie sich Ihre Wut- und Ärger-Strichliste genauer an. Wie viele Striche haben Sie gesetzt?

Wochentag	Anzahl der Wut- und Ärger-Ereignisse
Montag	
Dienstag	
Mittwoch	

Übung: Die Wut- und Ärger-Strichliste	
Donnerstag	
Freitag	
Samstag	
Sonntag	
Summe:	

Dr. William Doyle Gentry, klinischer Psychologe und Direktor des »Institute for Anger-Free-Living« in Virginia, kommt in seinem Buch »Aggressionen bewältigen« zu dem Ergebnis, dass es im »normalen Bereich« liegt, wenn Sie drei bis fünf Mal pro Woche verärgert, wütend oder genervt sind.

Haben Sie mehr Striche notiert? Dann sollten Sie ergründen, ob es sich nur um eine vorübergehende Wut-Phase handelt. Vielleicht stehen Sie gerade sehr unter Druck, weil sehr viel los ist bei Ihnen, ein Projekt vor dem Abschluss steht und Sie mit den Terminen in Verzug sind? Oder wird bei Ihnen in der Firma gebaut und der Lärm ist gerade unerträglich?

Oder sind Sie etwa schon seit Wochen oder sogar Monaten oft genervt, verärgert, wütend? Dann besteht Handlungsbedarf: Werden Sie sich darüber bewusst, weshalb Sie ärgerlich oder wütend sind.

Hinderliche Überzeugungen entkräften

Es müssen nicht immer die anderen sein, die der Grund für unsere Wut sind. Ärger und Wut können auch hausgemacht sein. Das ist zum Beispiel dann der Fall, wenn wir hinderliche Überzeugungen verinnerlicht haben. Diese kommen uns mit Vorliebe dann in die Quere, wenn es beispielsweise darum geht, selbstbewusst für sich einzustehen. Derlei Überzeugungen stammen oft noch aus unserer Kindheit. Unser Leben hat sich seitdem natürlich verändert; sie sind trotzdem gleich geblieben. Sie schlummern in uns und kommen immer zum Vorschein, wenn wir in eine Situation geraten, die zu ihnen passt.

BEISPIEL

Eine Coaching-Klientin, nennen wir sie Anna, erzählt mir, dass sie in letzter Zeit häufig wütend ist, vor allem, wenn sie in Meetings Lösungsvorschläge anbringt und keiner ihr zuhört. Ein Kollege sagt oft ein paar Minuten später genau das Gleiche nur mit anderen Worten, und alle finden die Vorschläge klasse. Es sind ihre, doch jeder denkt, sie kommen vom Kollegen. »Keiner hört mir zu und nie werde ich gesehen. Mein Kollege nimmt meine Vorschläge und macht sie zu seinen. Das ist so ungerecht!«, sagt sie leise zu mir. Im Laufe unseres Gesprächs stellt sich heraus, dass Anna eine kritische Person ist mit einem hohen Anspruch an sich selbst. »Die anderen sind viel besser als ich!«, ist eine ihrer Überzeugungen, die sie hat, seit sie denken kann.

Solche und ähnliche Überzeugungen, die an unserem Selbstwertgefühl nagen, führen oft dazu, dass wir uns auf unsere Schwächen fokussieren und uns selbst im Weg stehen. Das zu spüren, kann schon mal wütend machen. Ein Teufelskreis, denn im wütenden Zustand kann man sich nur schlecht darauf besinnen, was man alles kann, und es auch nur schwer abrufen. Dabei ist es genau das, was Menschen brauchen, denen es so geht:

- sich wieder ihres Selbst bewusst zu werden und zu sehen, was sie bereits alles erreicht haben und können.

- sich mit ihren Ideen wert-zu-schätzen.
- sich selbst zu vertrauen.

FORTSETZUNG DES BEISPIELS

Gelingt es Anna, für sich zu erkennen, dass sie genauso gut ist wie die anderen, wird sie vielleicht beim nächsten Mal ihrem Kollegen in die Augen schauen und dabei kraftvoll sagen:

»Paul, gut, dass du auf meinen Lösungsvorschlag von vorhin eingegangen bist. Wir sollten dabei noch Folgendes beachten: ...« Vielleicht gelingt es Anna künftig auch bereits von vornherein, so selbstbewusst ihre Lösungen vorzutragen, dass niemand mehr auf die Idee kommt, diese als seine eigenen zu verkaufen.

An welchen Überzeugungen ist Ihr Leben ausgerichtet? Vielleicht erkennen Sie ja ein paar der folgenden typischen Glaubenssätze wieder?

- Nur wer Leistung bringt, wird geliebt.
- Das schaffst du doch nie!
- Das kannst du noch nicht.
- Du bist nicht .... (schön, intelligent, geeignet für ... etc.).
- Gut ist nicht gut genug. Perfekt muss es sein.
- Das ist doch nichts Besonderes. Das macht man halt.

BEISPIEL

Werner, einer meiner Seminarteilnehmer, erzählt mir, dass ein Kollege seit einigen Wochen krank ist und er dessen Arbeit miterledigt hat – in zahlreichen Überstunden. Sein Chef hat ihm dafür nie Danke gesagt, auch ein Lob für die extra Leistung gab es nicht. »Es wird als selbstverständlich angesehen«, grummelt Werner mit ärgerlichem Gesicht.

Im Laufe des Seminares bedanke ich mich zweimal bei Werner für Dinge, die er für mich und die Gruppe getan hat. Beide Male winkt er ab mit den Worten: »Ach, das ist doch selbstverständlich, das ist doch nichts Besonderes!«. »Würdest du das Lob deines Chefs annehmen?«, frage ich ihn. Werner sieht mich an und sagt: »Na klar, würde ich das! Es ist doch immer schön, ein Dankeschön oder ein Lob zu bekommen.« Ich reflektiere Werner, was seine Antwort auf mein Danke war. Er schaut mich lange an und sagt nichts. Nach einer Weile erzählt er mir, dass er zu Bescheidenheit erzogen wurde. »Sei wie das Veilchen im Moose, bescheiden, sittsam und rein und nicht wie die stolze Rose, die immer bewundert will sein«, hat seine Mutter ihm oft gesagt.

Damit Werner künftig Anerkennung und Wertschätzung annehmen kann, ist es wichtig, dass er zunächst sein Bedürfnis danach annimmt. Der erste Schritt ist es zu erkennen, dass es okay ist, Lob anzunehmen von sich selbst und von anderen. Von seinem Chef wird höchstwahrscheinlich auch künftig kein Lob kommen. Er kann jedoch damit anfangen, sich selbst zu loben, sich selbst zu danken und wertzuschätzen, was er schon alles in seinem Leben geleistet hat.

Übung: Mehr Selbst-Bewusst-Sein

Nehmen Sie sich Zeit und ein schönes Heft oder ein hochwertiges Papier zur Hand. Ergänzen Sie darauf die folgenden Aussagen.

1. Meine Talente sind ...
2. Folgende Fähigkeiten besitze ich ...

Schreiben Sie hier auch solche Eigenschaften und Kompetenzen auf, von denen Sie denken: »Das ist doch nichts Besonderes. Das können doch viele Menschen!«. Nur weil es für Sie einfach ist oder andere es auch können, heißt das noch lange nicht, dass es nicht auch wert ist, von Ihnen respektiert und wertgeschätzt zu werden.

Übung: Mehr Selbst-Bewusst-Sein

1. Andere Menschen loben oder bewundern oder wertschätzen mich für ...
2. Ich wertschätze mich selbst für ...
3. Ich bin stolz auf ...
4. Ich habe Folgendes in meinem Leben erreicht, was für mich wichtig ist ...
5. In diesen Situationen bin ich über mich hinausgewachsen ...
6. Wichtig ist mir noch ...

Schreiben Sie alles auf, was Ihnen in den Sinn kommt. Wenn Sie das Gefühl haben, dass Ihnen im Augenblick nichts mehr einfallen wird, dann lesen Sie sich diese Liste laut vor. Stellen Sie sich die Frage: Gibt es eine Stelle in meinem Körper die sich jetzt gut anfühlt? Spüren Sie in sich hinein. Wenn Sie eine solche Stelle identifiziert haben, dann legen Sie dort Ihre Hand hin. Genießen Sie das Gefühl.

Ergänzen Sie Ihre Liste von Zeit zu Zeit, denn es kommen immer wieder neue Fähigkeiten, Talente und Aspekte in Ihrem Leben hinzu, auf die Sie stolz sein können.

Vielleicht gibt es ein Symbol, einen Gegenstand oder irgendetwas, das Ihnen auch künftig in Erinnerung rufen kann, was für ein wertvoller Mensch Sie sind. Irgendetwas, das Ihnen Kraft gibt und Sie hilfreich unterstützt in für Sie schwierigen Momenten. Tragen Sie diesen Gegenstand bei sich oder bewahren Sie ihn auf an einem Ort, den Sie im Alltag oft aufsuchen.

Lernen Sie Ihre innere Welt kennen: Meditation

Eine weitere Möglichkeit, sich Ihrer selbst und Ihren Emotionen noch bewusster zu werden, ist Meditation.

Was ist Meditation?

Meditation ist eine in vielen Religionen und Kulturen seit tausenden Jahren ausgeübte Praxis, deren beruhigende und bewusstseinserweiternde Wirkungen mittlerweile wissenschaftlich belegt sind.

Es gibt verschiedene Arten und Techniken von Meditation. Man unterscheidet aktive Meditationen, bei denen man sich bewegt, und stille, bei denen man sich nicht rührt. Bei manchen wird laut gesprochen und bei manchen geschwiegen. Bei einigen konzentriert man sich auf bestimmte Worte, bei anderen auf den Atem und bei wiederum anderen auf den Körper. Egal ob im Gehen, im Sitzen, im Liegen, im Stehen, es gibt einen bunten Strauß von Meditationen: von der Achtsamkeitsmeditation über die Chakra-Meditation zur dynamischen Meditation, über die Kundalini- zur Transzendentalen Meditation, von der Metta-, über die Vipassana-, bis hin zur Zazen- sowie Zen-Meditation. Für jeden Geschmack ist etwas dabei.

Meditation kann Ihnen dabei helfen, zu entspannen, sich auf sich selbst zu konzentrieren, Kontrolle und bestimmte Vorstellungen sowie Erwartungen loszulassen – und sie kann Sie beruhigen. Es kann eine sehr intensive Erfahrung sein, meditativ »Ihre innere Welt« zu entdecken.

BEISPIEL

Wie viele andere Spitzensportler meditiert auch Formel-1-Weltmeister Nico Rosberg. Das offenbart ein Auszug aus einem Interview mit der Zeitung Die Welt:

DIE WELT: Wenn man Sie so reden hört, vermitteln Sie den Eindruck von jemandem, der viel Klarheit gewonnen hat, der seinen Weg genau kennt und psychologisch an sich gearbeitet hat … Was hat Ihnen außer der Philosophie dabei noch geholfen?

ROSBERG: Meditation. Das war eine weitere Hilfe in diesem Jahr. Das ist eine Kunst, die man überall und immer ausüben kann, beim Gehen, beim Laufen oder im Bett gleich nach dem Aufwachen. Klar, auch das ist Arbeit und keine Magie, aber wenn man sie beständig und ernsthaft praktiziert, hilft sie einem langsam und allmählich, sich zu verändern. Alle sollten das tun, man sollte es schon in der Schule unterrichten: Wir leben am Limit und sind nicht mehr in der Lage, uns auch mal zu langweilen oder allein zu sein. Wir sammeln immer mehr unsinniges Zeug an und blicken immer weniger durch. Bis heute ist das Erste, was ich jeden Morgen tue: 20 Minuten Meditation. …« (Quelle: www.welt.de/sport/formel1/article161980127/Nico-Rosberg-offenbart-unglaubliche-Einsichten.html)

Tipps zur Meditation

- Welche der vielen Meditationsarten für Sie die passende und stimmigste ist, können nur Sie selbst herausfinden. In diesem TaschenGuide werden Sie einige Varianten kennenlernen (siehe hierzu auch Kap. »Bedienen Sie sich: Techniken zum besseren Umgang mit der Wut«).

- Ich empfehle Ihnen, mit der Meditation in einer Gruppe zu starten. Gemeinsam mit anderen fällt es leichter zu üben.

- Geben Sie sich Zeit, verschiedene Meditationen auszuprobieren. Wenn die eine Meditationsart nichts für Sie ist, dann probieren Sie eine andere aus.

- Schauen Sie, was im Augenblick das Passende für Sie ist. Wenn Sie heute länger meditieren wollen und morgen gar nicht, dann ist das völlig in Ordnung. Doch bleiben Sie dran, es lohnt sich!

- Haben Sie Geduld. Erwarten Sie nicht, dass Sie nach zwei Wochen erstmaligen Meditierens glückselig und entspannt, voll innerem Frieden dasitzen.

- Gehen Sie mit der Neugier eines Forschers an die Meditation. Lassen Sie sich überraschen, was kommt und was Sie erleben werden.

- Egal was Ihnen irgendjemand sagt, egal nach welcher Lehre oder Tradition Sie meditieren, machen Sie das, was Ihnen guttut! Ich finde, es gibt kein: »So ist es richtig«, und: »So muss es sein!«

- Seien Sie nicht zu streng mit sich. Sie müssen weder den Lotussitz können, noch müssen Sie viele Stunden täglich meditieren.

- Meditation braucht Ruhe. Achten Sie darauf, dass Sie nicht gestört werden. Schalten Sie das Telefon und Ihr Smartphone aus oder zumindest auf lautlos und legen Sie es nicht griffbereit vor sich hin. Freuen Sie sich auf die Zeit mit sich selbst.

Übung: Hara-Meditation – Quelle des Lebens

Der japanische Begriff »Hara« kann einerseits mit »Bauch und Quelle des Lebens« übersetzt werden. Gleichzeitig bezeichnet er eine innere Haltung von Klarheit, Stille und Zentrierung. Die Hara-Meditation ist eine von vielen traditionellen Übungen, die in den asiatischen Kampfkünsten zur Einstimmung und Zentrierung vor dem Training und dem Kampf praktiziert werden. Das Hara ist die Zone zwischen Magen und Schambein und befindet sich zwei bis vier Fingerbreit unter dem Bauchnabel.

Diese Übung gibt innere Stabilität und somit Sicherheit. Wichtig ist, dass sie regelmäßig durchgeführt wird.

Setzen Sie sich wahlweise:

- im Schneidersitz auf den Boden, auf einen Meditationshocker oder ein Kissen. Wichtig ist, dass es Ihnen in der Position leichtfällt, mit geradem Rücken zu sitzen.

- auf einen Stuhl ohne Rückenlehne. Stellen Sie Ihre Füße nebeneinander flach auf den Boden. Die Knie sind leicht geöffnet. Das erzeugt Stabilität und einen guten Bodenkontakt.

Verschaffen Sie Ihrem Bauch Platz. Achten Sie darauf, dass Sie frei in Ihren Bauch atmen können und er nicht durch Gürtel, Hose oder Rock eingeengt ist.

Beginnen Sie damit, dass Sie bewusst Ihren Körper spüren.

1. Phase – 20 Minuten Oberkörper drehen: Stellen Sie sich für diese Phase einen Wecker oder legen Sie eine Entspannungsmusik ein, die zirka 20 Minuten dauert. Ich empfehle Ihnen die extra dafür konzipierte CD von Anando Würzburger, die ich bei der Übung auch selbst nutze. Drehen Sie langsam Ihren Oberkörper gegen den Uhrzeigersinn, also links herum. Die Linksdrehung wird während der gesamten Zeit beibehalten.

Die Drehung soll aus dem Bauch kommen. Achten Sie darauf, dass der Oberkörper eine Linie bildet: vom Punkt zwischen den Augenbrauen bis hinab zum Hara (zwei bis vier Fingerbreit unter dem Bauchnabel). Stellen Sie sich die Form einer Eistüte vor. Genauso bewegen Sie sich: oben ausladend, unten am Hara zentriert. Ihre Aufmerksamkeit sinkt hinab zum Hara.

2. Phase – 5 Minuten sitzen: Die Kreise Ihrer Bewegungen werden kleiner und kleiner, bis Sie gerade sitzen und in Ihrer Mitte ruhen. Beobachten Sie Ihren Atem in Ihrem Bauch.

3. Phase – 5 Minuten liegen: Legen Sie sich flach auf den Rücken mit leicht geöffneten Armen und Beinen. Die zeigen nach oben. Beobachten Sie das Atmen in Ihrem Bauch. Nehmen Sie wieder bewusst Ihren Körper wahr.

(Quelle: http://hara-awareness.de/de/cd-hara-meditation/)

Reflexion für ein besseres Selbst-Bewusst-Sein

Je bewusster Sie mit Ihren Emotionen umgehen können, desto besser gelingt Ihnen auch der Umgang mit Ihrem Ärger und Ihrer Wut. Lernen Sie sich und Ihre Emotionen immer besser und besser kennen. Richten Sie dabei den Fokus auf das Positive in Ihrem Leben. Dabei helfen Ihnen die folgenden Fragen, die Sie sich immer wieder stellen sollten:

- Was tut mir heute gut?
- Was hilft mir heute, um friedlicher und entspannter zu leben?

- Was hilft mir heute, um mir meines Selbst bewusster zu werden?

- Was unterstützt mich heute, um Lebensfreude zu empfinden?

(Quelle: Annette Auch-Schwelk, »Mit Schmerzen leben«, Junfermann Verlag)

Ihr Wut- und Ärger-Tagebuch

Ein Wut- und Ärger-Tagebuch kann Ihnen dabei helfen, herauszufinden, weshalb Sie ärgerlich und wütend werden. Es kann Sie dabei unterstützen, einen besseren Umgang mit Ihrem Ärger und Ihrer Wut zu finden.

Legen Sie sich einen Kalender mit viel Platz bei den einzelnen Wochentagen, so zum Beispiel einen Tischkalender oder ein gebundenes Tagebuch mit Datumsangaben zu.

Tragen Sie an den Daten, an denen Sie Ärger und Wut empfinden, die folgenden Infos in den Kalender ein:

- Intensität des Ärgers und der Wut auf einer Skala von 1 bis 10 (1 = sehr gering, 10 = höchste Intensität)

- Wer oder was macht mich ärgerlich oder wütend? Was hat meinen Ärger oder meine Wut ausgelöst? Beschreiben Sie das ganz genau.

- Dabei gedacht habe ich: ...

- Dabei gefühlt habe ich mich so: ...

- An diesen Stellen im Körper habe ich meinen Ärger oder meine Wut gespürt: ...

- Meine Reaktion auf den Ärger, die Wut war: ...

- Das Ergebnis meines Ärgers, meiner Wut war: ...

- Mit dem Ergebnis erging es mir so: ...

- Was hilft mir im Umgang mit meinem Ärger, meiner Wut?

- Weitere Möglichkeiten, wie ich zukünftig auf ähnliche Situationen reagieren könnte, sind: ...

- Was mir helfen wird, mich beim nächsten Mal daran zu erinnern: ...

Es kann gut sein, dass Sie jetzt denken »Was für eine Arbeit! Was für ein Aufwand, all die Antworten auf diese vielen Fragen zu notieren.« Und Sie haben recht: es ist aufwendig. Doch die Mühen lohnen sich. Sie können so Ihren Ärger und Ihre Wut besser verstehen und die Auslöser erforschen.

Auf einen Blick: Was uns wütend und ärgerlich macht

- Jeder Mensch hat seine ganz persönlichen Wut- oder Ärger-Auslöse. So lässt eine Situation den einen völlig kalt, während sie für den anderen ein Anlass ist, vor Ärger an die Decke zu gehen.

- Je bewusster wir uns darüber sind, welche Dinge oder Situationen in uns Wut und Ärger auslösen, desto schneller können wir reagieren, wenn wir mit ihnen konfrontiert werden.

- Dieses Selbst-Bewusst-Sein können Sie sich aneignen – Schritt für Schritt, jeden Tag ein wenig mehr. Und die Mühe lohnt sich, denn wir gehen dann konstruktiver und besser mit der eigenen Wut um.

Hintergründe: was uns Ärger und Wut sagen

Niemand ist einfach so wütend oder ärgerlich. Die starken Emotionen haben immer auch einen Grund. Und genau diesen Grund suchen wir oft und gerne bei unseren Mitmenschen.

In diesem Kapitel erfahren Sie u. a.,

- warum wir so gerne andere zum Sündenbock machen,
- welche wichtige Rolle unsere Bedürfnisse dabei spielen,
- warum Sie zunächst in sich hineinspüren sollten, bevor Sie sich die Schuldfrage stellen.

Projektionen, oder: Wenn andere zum Sündenbock werden

BEISPIEL

Vor einigen Jahren war in einem meiner Seminare ein Mann, von dem ich Ihnen hier kurz erzählen möchte: Wie bei allen Teilnehmern ging ich auch auf ihn zu, um ihn zu begrüßen. Mein »Guten Morgen, mein Name ist Annette Auch-Schwelk, ich bin Ihre Trainerin. Willkommen beim Seminar!«, beantwortete er mit: »Die Wegbeschreibung ist furchtbar, ich habe es zuerst gar nicht gefunden!« Bis zur Mittagspause ging es so weiter: ein giftiger Kommentar jagte den nächsten. Alle meine Hilfsangebote lehnte er ab. Er wirkte sehr verärgert auf mich.

Mir war bewusst, dass ich das »so« nicht zwei Tage mitmachen würde. Ich fasste den Entschluss, in der Pause auf ihn zuzugehen, jedoch nicht, ohne vorher meine Techniken anzuwenden, über die Sie im Kap. »Strategien« noch mehr erfahren werden. Zuerst stabilisierte ich mich und fragte mich: »Was ist das Gute an dem Mann?« Meine Antwort: »Ich hatte schon lange niemanden mehr in meinen Seminaren, der für mich so anstrengend ist. Ich kann wieder meine Techniken anwenden und prüfen, ob diese für mich noch passend sind.«

Entspannter ging ich nun auf den Teilnehmer zu und bat ihn um ein Gespräch. Das Erste, was er sagte, war: »Das ist ja lächerlich, was du hier machst.« Ich erwiderte: »Mein Eindruck ist, ich diene dir gerade als Projektionsfläche!« Er schaute mich verblüfft an und fragte: »Was ist das denn?«

Manchmal sind wir verärgert oder wütend, weil bestimmte Dinge in unserem Leben nicht so laufen oder sind, wie wir sie gerne hätten, wenn unser Leben nicht unseren Vorstellungen und Wünschen entspricht. Vielen Menschen fällt es dann schwer zu ergründen, warum das so ist. Sie haben Schwierigkeiten, genau hinzusehen, was los ist, weshalb es so ist, und sich zu fragen, was sie tun können, um es anzunehmen oder es zu ändern. Anstatt sich selbst vielleicht einzugestehen, dass man Probleme hat und es einem nicht gutgeht, oder sich etwas anzuschauen, was einen verletzt, ist es bequemer, sich einen anderen Menschen auszusuchen, an dem man den Ärger, die Wut auslassen kann. Es ist viel einfacher zu sagen oder zu denken: »Der oder die ist schuld, dass es mir nicht gutgeht!«, als sich mit sich selbst und seinen Problemen zu befassen.

Allerdings hilft diese Strategie nicht bei den eigenen Sorgen, Ängsten oder Konflikten. Meist im Gegenteil: Nach einem vielleicht kurzen Überlegenheitsgefühl klopft das eigene Problem wieder an. Es kommen noch mehr ärgerliche oder wütende Gedanken auf und ziehen die Betreffenden wie ein Sog hinunter in den Wut- und Ärger-Sumpf.

FORTSETZUNG DES BEISPIELS

Mit der Intention »Bitte hilf mir, dich zu verstehen« unterhielt ich mich mit dem Seminarteilnehmer. Es stellte sich heraus, dass er in zwei Jahren in Pension gehen würde. Seine Ehe war nicht mehr das, was sie einmal gewesen war. Er hatte kaum Freunde und keine Hobbys, da seine Arbeit für ihn immer an erster Stelle gestanden und ihn ausgefüllt hatte. Er hatte Angst davor, was kommt, wenn er sie nicht mehr hat. »Das habe ich noch nie jemandem gesagt«, sprach er leise zu mir. Ich empfahl ihm, sich Unterstützung zu holen, und gab ihm Tipps, wohin er sich wenden konnte.

Nach unserem Gespräch behielt er seine Giftpfeile für sich und machte bei allen Übungen mit. Ab und zu lächelte er sogar. »Na ja, war ganz gut das Seminar«, sagte er mürrisch am Schluss zu mir. Doch gleich darauf lächelte er und sagte mit einem Augenzwinkern: »Ich danke dir!«

Mein Seminarteilnehmer hatte letztlich das Vertrauen, sich zu öffnen, und den Mut, sich einzugestehen, was ihn gerade wirklich beschäftigte, wo seine Ängste und Sorgen lagen. Er brauchte ab diesem Augenblick niemanden mehr, der ihm als Projektionsfläche diente.

Zu sagen: »Ein anderer ist schuld«, ist immer ein Selbstschutz- bzw. Abwehrmechanismus, um die eigenen Themen nicht ansehen zu müssen. Er wirkt jedoch nicht, denn die wahren Ursachen für Wut und Ärger bleiben bestehen.

Bemerken Sie an sich auch manchmal die Projektionsstrategie? Gibt es jemanden, der Ihnen als Projektionsfläche dient? Die folgende Reflexion hilft Ihnen dabei, den Mechanismus abzuschalten.

Reflexion: Projektionsstrategie

1. Hat der andere etwas, das ich gerne hätte – was ich mir vielleicht aber nicht eingestehen möchte? Eine bestimmte Eigenschaft, das Aussehen oder einen interessanten Job?

2. Zeigt die Person ein Verhalten oder eine Eigenschaft, die ich selbst auch habe, aber keinem zeigen möchte, weil ich mich dafür vielleicht schäme?

3. Spiegelt die Person mir einen Anteil wider, den ich zwar in mir habe, mich aber nicht traue zu leben? Wäre ich vielleicht auch gerne mutiger? Wäre ich vielleicht gerne offener im Umgang mit anderen Menschen?

4. Oder ist es ein Anteil in mir, den ich nicht mag, den ich aber lieber bei anderen verurteile als bei mir selbst?

Von Gefühlen und Bedürfnissen

Sagt jemand etwas zu uns oder tut er etwas, das uns verletzt, neigen viele von uns dazu, gleich zu kontern und zurückzuschießen. Es ist so, als ob wir einen unsichtbaren Bogen samt Köcher mit uns herumtrügen, in dem Giftpfeile sind, die wir blitzschnell abfeuern können. Manchmal schießen wir auch, obwohl unser Gegenüber keinen Anlass dafür setzt. Wir schießen aus Frust, aus Lust und Laune, aus Langeweile, aus Wut … Der andere schießt zurück und schon sind wir mittendrin im Gemetzel. Jedoch führen diese gegenseitigen Verletzungen zu keinem Ergebnis. Sie hinterlassen nur eine vergiftete Atmosphäre. Doch was tun, um gar nicht erst einzusteigen in den sinnlosen Kampf? Hier kann die sogenannte Gewaltfreie Kommunikation weiterhelfen.

Marshall B. Rosenberg, der Begründer des Konzepts der Gewaltfreien Kommunikation (GFK), war ein international tätiger Mediator: Er wurde als Vermittler in Krisen- und Kriegsgebieten eingesetzt, unter anderem in Israel, Palästina und Ruanda. Seine Erfahrungen führten ihn zur Erkenntnis, dass die Art und Weise unseres Sprechens eine entscheidende Rolle bei unserer Fähigkeit spielt, einfühlsam zu bleiben, ob sich Kommunikation destruktiv oder konstruktiv entwickelt. Sehen wir uns anhand eines Beispiels an, wie Gewaltfreie Kommunikation funktioniert.

BEISPIEL

Lisa arbeitet als Personalverantwortliche in einem Konzern. Eine ihrer Aufgaben ist es, Bewerbungsgespräche zu führen. Ihre Bürotür ist immer geöffnet, nur bei den Gesprächen mit Bewerbern ist sie geschlossen. Jeder in der Abteilung weiß dann, dass Lisa nicht gestört werden möchte. Nur einer ignoriert diese Regel: ihr Chef. Er kommt häufig, ohne an die Tür zu klopfen, herein und unterbricht die Bewerbungsgespräche meist für Fragen, die etwas später auch noch beantwortet werden könnten. Lisa ärgert dieses Verhalten sehr. Sie empfindet es als rücksichtslos, ignorant und unhöflich. Bisher hatte sie sich nicht getraut, ihren Chef darauf anzusprechen. Doch als er nun zum gefühlt 100. Mal mitten in ein Bewerbungsgespräch platzt, hat sie genug! Gleich nach dem Gespräch stellt sie ihren Vorgesetzten im Flur. Zornig brüllt sie ihn an, dass die Giftpfeile nur so fliegen: »Herr Dieters, Sie kommen immer in mein Büro ohne anzuklopfen! Ständig stören Sie mich bei meinen Bewerbungsgesprächen. Das nervt!«

NEIN – HALT – STOPP – bitte so nicht! Es ist sehr fraglich, ob Lisa mit ihrem Wutausbruch viel bei ihrem Chef erreichen wird. Falls ja, jedenfalls nichts Positives.

- »Sie kommen immer ...« Vielleicht ist der Chef von Lisa tatsächlich neun Mal ins Büro gekommen, ohne zu klopfen, doch das zehnte Mal hat er angeklopft. Selbstverständlich wird er sich daran erinnern. Vermeiden Sie Wörter wie »ständig«, »immer« oder »Nie machen Sie ...« – solche absoluten Schuldzuweisungen führen zu nichts! Es ist, als ob Sie einen schleimigen Ball auf den anderen werfen. Selbstverständlich hat Ihr Gegenüber keine Lust diesen anzunehmen.

- Der Ton macht die Musik. Keiner von uns möchte angebrüllt werden. Wir sehen das als Angriff und gehen dann – je nach Veranlagung und Persönlichkeit – selbst zum Angriff über oder ziehen uns zurück.

Um das alles zu vermeiden, empfiehlt das Konzept der Gewaltfreien Kommunikation Folgendes:

1. Teilen Sie Ihre Beobachtung anhand einer konkreten Handlung mit. Wichtig ist hierbei: Vermeiden Sie Bewertungen, Beurteilungen oder Interpretationen.
Beispiel: Lisa könnte sagen: »Gestern, Herr Dieters, sind Sie in mein Büro gekommen. Ich war gerade im Gespräch mit einem Bewerber. Sie haben mich nach den Ergebnissen vom Meeting am Montag gefragt.«

2. Spüren Sie in sich hinein: Was löst die Situation bei Ihnen aus? Nehmen Sie Ihr Gefühl wahr und benennen Sie es mit einer Ich-Botschaft: »Ich bin ...«, »Das hat bei mir .../macht mich ...«, »Ich fühle mich ...«
Beispiel: Lisa könnte sagen: »Das irritiert mich« oder »Ich fühle mich dadurch im Bewerbungsgespräch gestört.«

3. Nennen Sie jetzt Ihr Bedürfnis.
Beispiel: Lisa könnte sagen: »Wenn ich Bewerbungsgespräche führe, schließe ich meine Bürotür. Es ist mir wichtig, dass ich in dieser Zeit nicht gestört werde und Ruhe für das Gespräch habe.«

4. Bitten Sie um eine konkrete und erfüllbare Handlung.
Beispiel: Lisa könnte sagen: »Aus diesem Grund bitte ich Sie, wenn meine Bürotür geschlossen ist, zu einem anderen Zeitpunkt wiederzukommen.«

5. Sie können Ihre Bitte um einen Lösungsvorschlag ergänzen. **Beispiel:** Lisa könnte sagen: »Hinterlassen Sie mir gerne auf meinem Anrufbeantworter eine Nachricht und ich rufe Sie gleich nach dem Bewerbungsgespräch zurück.«

(Quelle: Annette Auch-Schwelk, Erfolgreich mit Selbstbewusstsein, Haufe Verlag)

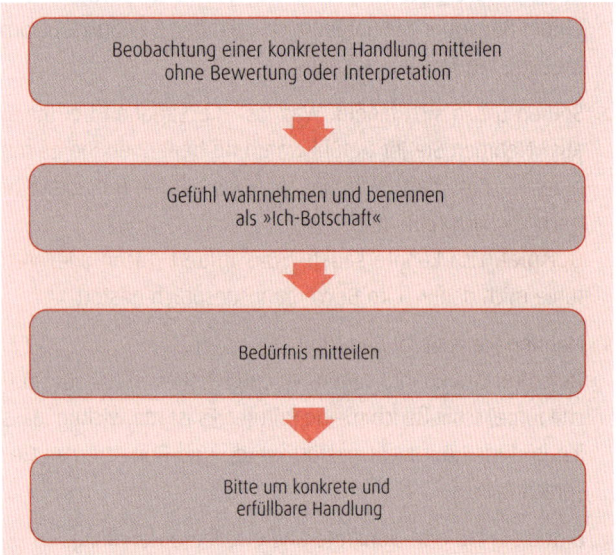

Gewaltfreie Kommunikation

Wenn unsere Bedürfnisse nicht erfüllt werden

Oben klang es bereits an: Bedürfnisse spielen eine zentrale Rolle im Konzept von Marshall B. Rosenberg. Sind sie erfüllt, fühlen wir uns angeregt, bewegt, dankbar, energiegeladen, erfreut, erfüllt, erleichtert, erstaunt, fasziniert, fröhlich, gerührt, hoffnungsvoll, inspiriert, optimistisch, stolz, vertrauensvoll, wohl, zuversichtlich.

Sind sie nicht erfüllt, fühlen wir uns bekümmert, besorgt, einsam, entmutigt, enttäuscht, frustriert, gereizt, hilflos, hoffnungslos, nervös, traurig, unbehaglich, ungeduldig, verärgert, verlegen, verwirrt, widerwillig – und wütend.

Wenn es darum geht, herauszufinden, warum wir verärgert oder wütend sind, sollten wir uns die Frage stellen: Welches Bedürfnis in uns verlangt gerade danach, erfüllt zu werden? Marshall B. Rosenberg zählt in seinem Buch »Was deine Wut dir sagen will« einige grundlegende Bedürfnisse auf, die wir alle teilen. Darunter sind zum Beispiel. auch diejenigen, die wir im Kontakt mit anderen haben: Wir alle haben das Bedürfnis nach Akzeptanz, Wertschätzung, Nähe, Geborgenheit, Gemeinschaft, Rücksichtnahme. Wir wollen zur Bereicherung des Lebens beitragen, emotionale Sicherheit, Empathie, Ehrlichkeit (gemeint ist die Ehrlichkeit, die uns Kraft gibt, aus unseren Schwächen zu lernen), Liebe, Geborgenheit, Respekt, Unterstützung, Vertrauen, Verständnis, Zugehörigkeit.

Reflexion: Meine Bedürfnisse

Hat Sie jemand verärgert? Schafft es der Betreffende immer wieder die roten Knöpfe zu finden, die bei Ihnen sofort Ärger auslösen? Mit den folgenden Fragen finden Sie heraus, welche Bedürfnisse hinter Ihrer Wut oder Ihrem Ärger stecken. Die Reflexion ist eine gute Grundlage, um mit dem anderen ein konstruktives Gespräch über Ihren Ärger, Ihre Wut zu führen und eine gemeinsame Lösung für die Situation zu finden.

- Was ist es genau, was Sie stört? An welcher konkreten Handlung können Sie dies beobachten?

- Welches Gefühl kommt bei Ihnen hoch, wenn Sie an diese Situation denken?

- Welches Bedürfnis steckt hinter Ihrem Gefühl?

- Welche Bitte für eine konkrete und erfüllbare Handlung haben Sie an den anderen?

- Wann genau werden Sie mit dem anderen sprechen?

Auf einen Blick: Was uns Ärger und Wut sagen

- Den Grund für unsere Wut, unseren Ärger setzen oft andere. Denken wir zumindest, denn es ist viel einfacher zu sagen: »Die anderen sind schuld!«, als sich mit sich selbst und seinen Problemen zu befassen.

- Wenn wir jedoch genauer hinsehen, stellen wir fest, dass wir dazu neigen, die Dinge zu interpretieren oder etwas auf andere zu projizieren. Die Ursache für dieses Denken sind unsere ureigenen Überzeugungen, Einstellungen und Glaubenssätze, die wir oft bereits seit unserer Kindheit mit uns herumtragen.

- Eine entscheidende Rolle spielen unsere Bedürfnisse. Sehen wir sie als nicht erfüllt an, reagieren wir mit Ärger und Wut. Das geschieht oft unbewusst. Wollen wir den Wurzeln unserer Wutauslöser auf die Spur kommen, sollten wir uns also intensiv mit unseren Bedürfnissen beschäftigen.

Strategien: das Beste aus Wut und Ärger machen

Wut und Ärger sind ständige Begleiter in unserem Leben – ob wir es wollen oder nicht. Wir sollten uns daher so gut wie möglich mit ihnen arrangieren. Das ist zwar nicht immer leicht, jedoch durchaus machbar mit den richtigen Strategien.

In diesem Kapitel lernen Sie diese kennen, so u. a.

- ein besonders effektives 4-Punkte-System,
- Entspannungstechniken,
- Atemübungen,
- hilfreiche Perspektivwechsel.

Einen kühlen Kopf bewahren mit dem 4-Punkte-System

Wenn Sie des Öfteren ärgerlich oder wütend werden und Ihre Emotionen hochkochen, kann Ihnen das von mir entwickelte 4-Punkte-System helfen, langfristig ganz gezielt einen kühlen Kopf zu bewahren und die Anspannung in Entspannung zu wandeln. Es kann Sie dabei unterstützen, herauszufinden, was Ihnen Ihr Ärger oder Ihre Wut sagen möchten.

Erster Punkt: Stabilisieren

Starke Emotionen wie Wut und Ärger lassen uns den Boden unter den Füßen verlieren. Wir kommen ins Wanken und verlieren unsere emotionale Stabilität, sind eher angreifbar. Damit das gar nicht erst geschieht, hilft es, sich bei aufkommendem Ärger ganz bewusst zu stabilisieren. Und genau dies ist die erste Maßnahme im 4-Punkte-System.

Körperliche Stabilisierung

Wenn Sie merken, dass Sie allmählich ärgerlich oder wütend werden, achten Sie zunächst auf Ihren Körper. An ihm lässt sich vieles ablesen, was Ihnen vielleicht gedanklich noch gar nicht so bewusst ist.

Wie stehen oder sitzen Sie? Sind Sie bereits in »Angriffsposition«, haben Sie vielleicht Ihre Hände zu Fäusten geballt, Ihren Rücken gestrafft? Oder sind Sie im Rückzugsmodus, zum Beispiel erkennbar an verschränkten Armen und Beinen? Dann wird es Zeit, Ihren Körper zu stabilisieren.

Übung: Körper stabilisieren

Stellen Sie beide Beine hüftbreit auf die Erde. Verteilen Sie Ihr Gewicht gleichmäßig auf beide Beine, so dass Sie einen stabilen Kontakt zum Boden haben und einen sicheren Standpunkt bekommen. Ihr Rücken ist gerade und der Kopf ist erhoben. Stellen Sie sich vor, dass Sie ein Buch auf dem Kopf balancieren. Ist Ihr Kopf zu hoch oder zu tief geneigt, fällt es hinunter.

Atmen Sie in dieser Haltung bewusst ein und aus. Wenn Sie Ihre Hände dabei auf den Bauch legen, kann das ganz hilfreich sein. Beim Einatmen hebt sich die Bauchdecke leicht, beim Ausatmen senkt sie sich. Konzentrieren Sie sich auf Ihren Atem. Zählen Sie in Gedanken beim Einatmen bis 4, halten Sie den Atem 2 Sekunden. Beim Ausatmen zählen Sie bis 6. Atmen Sie ein paar Mal auf diese Weise. Dies hilft, sich zu entspannen und zu stabilisieren.

> Es kann sein, dass diese Übung sofort hilft; es kann sein, dass Sie dazu erst etwas Routine brauchen. Wichtig ist, regelmäßig zu üben und so oft, dass Sie irgendwann automatisch diese stabilisierende Haltung einnehmen, wenn in Ihnen Ärger und Wut aufkeimen.

Ortswechsel

Wenn Sie merken, dass Sie bereits sehr wütend sind, kann es hilfreich sein, die Situation zu verlassen. Gehen Sie, wenn möglich, aus dem Raum. Laufen Sie ein paar Schritte. Vielleicht hilft es Ihnen, im Treppenhaus ein paar Stockwerke auf und ab zu gehen oder eine Runde um den Block. Allein die Bewegung lässt die Anspannung bereits etwas abflauen.

Haben Sie die Möglichkeit, einen Ort aufzusuchen, an dem Sie ganz alleine und unbeobachtet sind, eignen sich die folgenden Mini-Bewegungsübungen:

- Hüpfen Sie ein paar Mal auf und ab.

- Laufen Sie auf der Stelle.

- Heben Sie Ihre Beine schnell nacheinander in die Höhe.

- Klopfen Sie Ihren Körper ab.

- Schütteln Sie Ihren Körper.

- Ballen Sie Ihre Hände zu Fäusten. Machen Sie das möglichst schnell 30 Mal.

- Schnippen Sie mit Ihren Fingern.

Die »Auskotzübung«
Sind Sie ganz sicher, dass niemand Sie im Büro hören und sehen kann, ist vielleicht auch die Auskotzübung das richtige für Sie: Beugen Sie sich nach vorne. Öffnen Sie währenddessen Ihren Mund und sagen Sie laut: »Aaaaahhhhh«. Stellen Sie sich vor, Sie »kotzen« Ihre Wut aus. Alles, was Sie belastet, fließt aus Ihnen heraus. Stabilisieren Sie Ihren Körper danach wie oben beschrieben. Manchmal kann es dazu auch ganz hilfreich und unterstützend sein, Ihren Körper an die Wand zu lehnen.

Mentales Stabilisieren

Während Sie sich um Ihren Körper kümmern, können Sie sich gleichzeitig mental stabilisieren und unterstützen.

Sagen Sie dazu – je nach Situation – laut oder in Gedanken Sätze wie zum Beispiel:

- »Ich bin gerade wütend, doch die Wut kommt und die Wut geht. Die Wut kommt und die Wut geht. Die Wut kommt und die Wut geht ...!«

- »Es geht vorbei. Es geht vorbei. Es geht vorbei ...«

- Stellen Sie sich ein Stopp-Schild vor und sagen Sie sich dabei mehrmals »Stopp! Es reicht!« Dabei können Sie Ihre Hand vor Ihren Körper halten, so als ob Sie von außen etwas abwehren möchten.

Diese Sätze helfen Ihnen dabei, sich zu stabilisieren, zu entspannen und Ihre Emotionen zu beruhigen.

> Machen Sie sich bewusst: Die Wut wird nicht gleich stark bleiben. Sie ist jetzt im Moment stark und vielleicht schwer für Sie zu ertragen. Doch das wird sich ändern. Die Wut kommt und die Wut geht!

Im Kapitel »Bedienen Sie sich: Techniken zum besseren Umgang mit der Wut« finden Sie noch viele weitere Übungen, die Ihnen helfen können, sich mental zu stabilisieren.

Zweiter Punkt: Analysieren

Um zu verstehen, weshalb Sie ärgerlich oder wütend werden, ist es sinnvoll, Ihre Emotionen etwas genauer kennenzulernen.

Nur dann können Sie langfristig auch besser mit Ihrer Wut, Ihrem Ärger umgehen.

Hilfreich kann hierfür die folgende Reflexion sein. Die Fragen können Sie alleine oder mithilfe einer Vertrauensperson beantworten. Es ist nicht wichtig, sie der Reihenfolge nach zu beantworten und auch nicht alle sofort. Nehmen Sie sich die Zeit, die Sie dafür brauchen!

- Woran merke ich, dass ich ärgerlich oder wütend werde, was sind die Anzeichen dafür?

- Was oder wer ist die Ursache für die Wut, für den Ärger?

- Wie genau macht sich die Wut, der Ärger in meinem Körper bemerkbar?

- Wie genau gehe ich mit der Wut, mit dem Ärger um?

- Wann empfinde ich sie bzw. ihn als hilfreich, wann als hinderlich?

- Wann war ich das erste Mal in meinem Leben ärgerlich oder wütend?

- Wie habe ich als Kind den Ärger, die Wut meiner Eltern bzw. Erziehungsberechtigten erlebt? Wie ist man zu Hause damit umgegangen?

- Wie gehe ich damit um, wenn andere Menschen ärgerlich oder wütend werden?

- Welche Erlebnisse hatte ich im Zusammenhang mit Ärger und Wut?

- Was gibt es für Möglichkeiten, damit ich einen besseren Umgang mit der Wut finde?

- Welche davon habe ich bereits getestet und was davon kann ich noch ausprobieren?

- Was sind meine nächsten Schritte: Wie genau gehe ich jetzt vor?

- Was habe ich bereits geändert? Wie habe ich das gemacht und was hat mir dabei geholfen?

- Was will ich noch ändern und was hindert mich daran?

- Was benötige ich, damit ich es ändern kann?

- Was ist das Gute an der Wut? Wobei hilft sie mir? Was lerne ich dadurch?

- Kann ich sie annehmen, wie sie ist?

- Was brauche ich, um loszulassen und die Wut, den Ärger anzunehmen so, wie sie bzw. er ist? Was kann mir dabei helfen?

- Was stabilisiert mich körperlich, was mental?

- Was unterstützt und tröstet mich?

- Was gibt mir Sicherheit?

- Was hilft mir, wenn ich Zeit habe, was, wenn nicht?

- Was hilft mir, wenn ich alleine bin, und was, wenn ich mit anderen zusammen bin?

- Was hilft mir, wenn ich bei der Arbeit bzw. zu Hause bin? Wenn ich im Auto, Flugzeug, Zug oder öffentlichen Verkehrsmitteln bin?

- Was hat mir früher geholfen, hilft mir jetzt aber nicht mehr?

Dritter Punkt: Unterstützung holen

Um einen besseren Umgang mit Ihrem Ärger und Ihrer Wut zu finden, ist es hilfreich, sich Unterstützung zu holen. Wenn Sie ein Mensch sind, der oft und stark wütend wird, kann es sinnvoll sein, sich von einem Therapeuten oder Coach unterstützen zu lassen. In allen anderen Fällen kann Ihnen vielleicht Ihr »inneres Team« helfen. Sie haben es bereits im Kapitel »Mehr Selbst-Bewusst-Sein für Ihre Emotionen« kennengelernt: Es besteht aus den unterschiedlichen Persönlichkeitsanteilen in Ihnen. Zu den Mannschaftsmitgliedern gehören der Wütende, der innere Kritiker, der Lösungsfinder, der Beobachter und viele andere, die alle bestimmte Gefühle und Bedürfnisse in uns repräsentieren. Holen Sie sich von Ihrer inneren Mannschaft Unterstützung. Das gelingt am besten mit den folgenden Übungen.

Perspektivwechsel mit den drei Stühlen

BEISPIEL

Thomas und Rüdiger machen ein Seminar bei mir. Sie sind Kollegen und arbeiten seit Kurzem in einem Open-Space-Großraumbüro. Das heißt, sie haben keinen festen Arbeitsplatz mehr, sondern setzen sich jeden Morgen an einen neuen Schreibtisch, je nachdem, welcher gerade frei ist. Thomas ist begeistert von dem neuen Konzept: »Seit wir so arbeiten, reden wir alle im Team wieder mehr miteinander. Der Austausch ist intensiver geworden und wir sprechen auch ab und zu mal über Privates. Das macht Spaß und stärkt das Team. Mein Teamleiter sitzt oft direkt neben mir. Das gibt mir die Chance, ihm zu zeigen, was wir Großartiges auf die Beine stellen im Projekt!«

Rüdiger wird immer ärgerlicher, während Thomas redet. Laut sagt er: »Das nervt mich ohne Ende. Ständig dieses laute Gequatsche der Kollegen mitanhören zu müssen! Es interessiert mich nicht, was sie am Wochenende gemacht haben. Wenn der Teamleiter neben mir sitzt, habe ich den Eindruck, er kontrolliert dauernd, was ich mache.«

Thomas und Rüdiger erleben genau die gleiche Situation. Nur ist der eine davon begeistert und der andere verärgert. Rüdiger half letztlich ein Perspektivwechsel, um seinen Ärger und seine Wut in den Griff zu bekommen. Dieser Perspektivwechsel lässt sich ganz gut mit der folgenden Übung bewerkstelligen:

- Stellen Sie sich vor, Sie sind in einem Theater. Sie stehen auf der Bühne. Nehmen Sie einen Stuhl und setzen Sie sich darauf. Stellen Sie sich vor, das ist Ihr »Wutstuhl«. Rufen Sie sich jetzt die Situation vor Augen, die Sie ärgert oder wütend macht. Spüren Sie ganz intensiv in die Situation hinein: Was nehmen Sie wahr? Wie agieren Sie in dieser Situation? Welchen Gesichtsausdruck, welche Körperhaltung haben Sie? Was sagen Sie? Was fühlen Sie? Schreiben Sie jetzt alles auf, was Ihnen dabei in den Sinn kommt. Wenn Sie fertig sind, prüfen Sie, wie sich Ihr Körper gerade im Moment anfühlt. Notieren Sie auch das.

- Richten Sie nun Ihre Aufmerksamkeit weg von sich selbst auf dem Stuhl hin zum gesamten Theater: Stellen Sie sich vor, Sie laufen von der Bühne hinunter und gehen in den Zuschauerraum. Sie sind jetzt nicht mehr der Hauptdarsteller, sondern ein Zuschauer, ein Beobachter. Nehmen Sie sich dazu einen weiteren Stuhl und stellen Sie ihn etwas weiter weg vom »Wutstuhl«. Setzen Sie sich auf diesen Beobachter-Stuhl und beobachten Sie von dort aus genau, was auf der Bühne geschieht: Sehen Sie sich selbst und alle Beteiligten der Situation möglichst aus einer neutralen Position. Was beobachten Sie?

BEISPIEL

Rüdiger sieht sich und seine Kollegen sowie seinen Chef auf der Bühne. Er beobachtet, wie er mit ärgerlichem Blick die Kollegen anschaut, genervt die Augen verdreht und schweigt. Er sieht die verwunderten Blicke seiner Kollegen und hört, wie sie sagen: »Was hat Rüdiger denn schon wieder?«

Nehmen Sie nun einen dritten Stuhl. Richten Sie Ihren Blick wieder auf das gesamte Theater und gehen Sie vom Zuschauerraum an die Seite. Sie können von dort aus sowohl die Bühne mit dem »Wutstuhl« als auch den Zuschauerraum mit dem »Beobachter-Stuhl« sehen. Stellen Sie den dritten Stuhl also so hin, dass Sie von dort die beiden anderen Stühle gut im Blick haben. Das ist Ihr »Stuhl der Lösung«. Wenn Sie von dieser Perspektive aus den »Wütenden« und den »Beobachter« in sich anschauen, sehen Sie hier Lösungen für das Problem?

BEISPIEL

Auf dem Stuhl der Lösung erzählt Rüdiger, dass im Team nie darüber gesprochen wurde, was jedem wichtig ist und was er braucht, um im Open-Space-Büro gut seine Arbeit machen zu können. Er kommt zum Schluss, dass er dies beim nächsten Teammeeting ansprechen sollte. Er möchte dort die Chance ergreifen, zu sagen, was ihn stört, um gemeinsam mit den anderen nach Lösungen zu suchen, anstatt nur zu denken: »Das müssen die doch merken, wie das nervt, wenn sie so laut reden!«

Vierter Punkt: Weitermachen

Turbulente und herausfordernde Situationen werden im Leben immer wieder auftreten. Das können Sie nicht vermeiden. Allerdings können Sie lernen, diese besser anzunehmen und entspannter damit umzugehen. Sie können lernen, aufkeimenden Ärger oder Wut nicht zerstörerisch wirken zu lassen, sondern die daraus entstehende Kraft förderlich zu nutzen und zum Beispiel für Veränderung einzusetzen.

> »Gerade als die Raupe dachte, die Welt geht unter, wurde sie zum Schmetterling.« (Verfasser unbekannt)

Vermutlich haben Sie als kleines Kind Fahrradfahren gelernt. Vielleicht haben Ihre Eltern, Großeltern, Geschwister oder Freunde Ihnen dabei geholfen. Vielleicht haben Sie am Anfang Stützräder genutzt, um mehr Sicherheit zu haben. Als diese das erste Mal nicht mehr da waren, sind Sie vielleicht hingefallen und gleich wieder aufgestanden, um weiter zu fahren. Vielleicht wurden Sie wütend, haben geweint und haben erst nach einigem Zögern weitergemacht. Doch höchstwahrscheinlich haben Sie nicht aufgegeben, sondern geübt, geübt, geübt.

Verfahren Sie genauso mit der Wut und dem Ärger! Machen Sie weiter. Nehmen Sie sich Zeit für Ihre Wut und schauen Sie sich an, was hinter ihr verborgen ist, welcher »Schatz« dort auf Sie wartet. Machen Sie weiter und geben Sie nicht auf. Und wenn Sie glauben, dass Sie keine Kraft mehr dazu haben, denken Sie an Isa Adrey. Sie hat mit 98 Jahren ihre Doktorarbeit geschrieben. Ihr Motto: »Man darf nie aufgeben!«.

(Auszug aus dem Buch von Annette Auch-Schwelk, »Mit Schmerzen leben«, Junfermann Verlag)

Feiern Sie sich und Ihre Fortschritte

Der Neurobiologe und Erfolgsautor Professor Dr. Gerald Hüther hat einmal gesagt: »Begeisterung ist Doping fürs Gehirn«. Seien Sie begeistert, wenn es Ihnen gelungen ist, die Kollegin nicht wie üblich anzuschnauzen, sondern das Gespräch mit ihr zu suchen. Schreiben Sie es auf, wenn Sie kleine und große Erfolge im Umgang mit Ihrer Wut und Ihrem Ärger hatten. Hat es nicht geklappt, obwohl Sie es sich fest vorgenommen hatten? Macht nichts! Sehen Sie es als Lernerfahrung für die nächste Wutsituation.

Sagen Sie Danke zu sich selbst

Vor einigen Jahren war ich mit meiner Nichte im Bad. Sie saß in der Badewanne, ich stand am Waschbecken. Ich hörte sie sagen: »Tanti, bring mir mal die Ente«. Ich fragte: »Wie heißt das Zauberwort?« Nein, es kam kein »Aber flott!«, sondern sie lächelte mich an und antwortete: »Simsalabim«. Natürlich hatte ich auf das Wort »Bitte« gewartet. Wir sind dazu erzogen worden, »Bitte« und »Danke« zu sagen. Wie oft werden diese beiden Wörter nur als reflexhafte Floskeln genutzt. Wie oft werden sie vergessen. Ich empfehle Ihnen heute ganz bewusst Danke zu sagen, und zwar zu sich selbst.

Oscar Wilde schrieb einmal: »Sich selbst zu lieben ist der Beginn einer lebenslangen Romanze«. Sich selbst im Spiegel ein ehrlich gemeintes Danke zu sagen, ist der erste Schritt in diese Richtung. Vielleicht schenken Sie Ihrem Spiegelbild sogar ein Lächeln und merken, wie sich Ihre Stimmung damit aufhellt.

Ein Lächeln kann Glückshormone freisetzen – auch wenn es von einem selbst kommt.

Damit können Sie sich emotional wohler fühlen und ausgeglichener werden. Dies kann zu einem zufriedeneren Leben führen. Und das wiederum mündet darin, dass Sie sich weniger ärgern und wütend werden, weil Sie dann viel mehr in sich selbst ruhen.

»Danke« – ein kleines Wort mit großer Wirkung
Sagen Sie Danke zu Ihrer Wut, Ihrem Ärger, die Sie beide unterstützen möchten, indem sie Ihnen zeigen, dass 1. etwas nicht in Ordnung für Sie ist, 2. Sie verletzt sind oder 3. Ihre Wünsche und Bedürfnisse nicht erfüllt sind.
Sagen Sie Danke zu der Person oder Situation, welche die Wut, den Ärger in Ihnen auslöst, damit Sie etwas lernen oder ändern können.
Schreiben Sie täglich alles auf, wofür Sie dankbar sind in Ihrem Leben. Beantworten Sie folgende Frage: Wofür bin ich heute dankbar?

Die kraftvolle Energie der Wut nutzen mit dem 4-Punkte-System

Vor vielen Jahren sollte ich einen Vortrag vor einem kleinen Kreis mit zirka zehn Personen halten. Ich hatte mich nicht darauf vorbereitet, da ich zu diesem Zeitpunkt sehr viel zu tun hatte. Da es »nur« ein Vortrag vor Bekannten war, dachte ich mir: »Passt schon!«, und nahm mir vor, einfach etwas auf die Schnelle zu erzählen. Am Tag zuvor hatte ich noch ein für mich sehr erschütterndes privates Erlebnis. Doch ich nahm mir nicht die Zeit, die Erschütterung zu lindern.

Bereits beim ersten Satz des Vortrags erkannte ich, dass ich einen großen Fehler gemacht hatte. Vor mir saßen zwar viele Bekannte, doch die meisten waren auch Kollegen und als solche Experten für mein Vortragsthema. Ich wurde unsicherer und unsicherer und von einem Augenblick zum anderen war es so, als ob alles Wissen, alles was ich bisher gelernt und gelehrt hatte, weg war. Ich brachte den Vortrag zu Ende und war froh, ihn hinter mir zu haben. Doch es war noch nicht vorbei: Denn mein Kollege sagte laut in die Runde: »Wir geben dir Feedback zu deinem Vortrag!« Es kam, wie es kommen musste … Ich habe selten so schlechte Rückmeldungen vor versammelter Mannschaft bekommen. Als es vorbei war, gönnte ich mir erst einmal einen Caipirinha. Ich bemerkte dabei, dass ich ärgerlich auf meinen Kollegen wurde. »Wie konnte der nur, der hat doch genau gewusst, dass es schlecht lief. Der ist mir in den Rücken gefallen!« usw. Der Ärger steigerte sich in Wut. Rachegelüste kamen in mir auf: »Na warte, dir zahle ich es heim!«

Und plötzlich spürte ich eine ungeheure Kraft in mir. Die Wut breitete sich in meinem Körper aus und meine innere Stimme sagte mir: »Willst du jetzt jedes Mal saufen, wenn etwas nicht gut läuft in deinem Leben? Ist das deine Lösung für das Problem?« »Nein, das möchte ich nicht«, sagte ich mir laut. »Na gut, was hilft dir dann?«, fragte meine innere Stimme. Zuerst einmal möchte ich mich stabilisieren. Ich bin viel zu aufgebracht und wütend, um klar zu denken. Als ich dies körperlich und mental getan hatte, fragte meine innere Stimme: »Was hilft dir noch?« Ich überlegte: Es hilft mir bestimmt nicht, dass ich mich zum

Opfer mache und wütend auf meinen Kollegen bin. Wenn ich ehrlich bin, bin ich wütend auf mich selbst, da ich mir nicht die Zeit genommen habe, mich vorzubereiten und mich von der privaten Geschichte zu erholen. In den nächsten Tagen nahm ich mir Zeit für mich selbst. Ich unterstützte mich in meiner für mich herausfordernden Situation. Gleichzeitig nahm ich Hilfe von einem Coach an und wir schauten gemeinsam auf das private, für mich erschütternde Erlebnis. Ich beschloss: Ich möchte weitermachen.

Daraufhin habe ich das 4-Punkte-System entwickelt: Stabilisieren – Analysieren – Unterstützung suchen – Weitermachen. Diese Punkte waren genau das, was mir geholfen hat in einer Zeit, in der ich sehr wütend war. Ich habe die Kraft der Wut genutzt, um Neues zu erschaffen. Seitdem setze ich das 4- Punkte-System immer dann ein, wenn ich mit Wut und Ärger zu tun habe – und es hilft!

SOS – ich platze gleich! Ihr Wut-Notfallkoffer

Sie sind mit einem Freund unterwegs. Plötzlich wird er ohnmächtig. Schnell rufen Sie den Notarzt an. Angenommen, die Dame aus der Einsatzzentrale sagt: »In zirka 20 Minuten fährt ein Arzt los. Er muss nur noch schauen, wo sein Arztkoffer ist, und prüfen, ob er noch genügend Medikamente drin hat. Doch danach fährt er gleich los!« Wie würden Sie reagieren? Vielleicht würden Sie wütend rufen: »Mein Freund ist gerade ohnmächtig geworden und er braucht dringend Hilfe. Sie müssen jetzt sofort jemanden schicken!« Wenn der Arzt seinen Notfallkoffer erst suchen und packen muss, geht wertvolle Zeit verloren. Genauso verhält es sich, wenn es um unsere Wut geht.

Ich packe meinen Koffer und nehme mit …

Wichtig ist, dass Sie immer Ihren ganz persönlichen Notfallkoffer parat haben, der gefüllt ist mit Übungen, Techniken und Methoden, die Ihnen im Umgang mit Ihrer Wut und Ihrem Ärger helfen. Einige dieser Übungen und Techniken haben Sie bereits in den letzten Kapiteln kennengelernt. In diesem Kapitel finden Sie noch viele mehr. Probieren Sie sie aus, um zu entdecken, welche davon Sie in Ihren Notfallkoffer aufnehmen möchten.

Halten Sie Ihren Koffer auf dem aktuellen Stand. Prüfen Sie immer mal wieder, ob sein Inhalt, also die Methoden, Techniken und Übungen, aktuell noch passend für Sie ist. Was heute gut für Sie ist und Ihnen hilft, einen besseren Umgang mit Ihrer Wut zu finden, kann bereits übermorgen nicht mehr (so gut) wirken.

Ihre ganz persönliche Packliste

Diese Übung hilft Ihnen dabei, Ihren Notfallkoffer mit den für Sie hilfreichen Übungen und Techniken zu bestücken.

1. Rufen Sie sich Situationen in Erinnerung, in denen Sie ärgerlich oder wütend wurden. Notieren Sie sich diese auf einem Blatt.
2. Schreiben Sie zu jeder Situation auf, welche Methode oder Technik Ihnen in dem Moment geholfen hat, um gelasse-

ner mit dem Ärger oder der Wut umzugehen. Sollten Sie keine passende Technik bzw. Methode in der Situation zur Verfügung gehabt haben, überlegen Sie, welche Ihnen hätte helfen können.

BEISPIEL

Angenommen Sie sind jemand, der ärgerlich wird, wenn ihm während einer Präsentation Fragen gestellt werden, weil es Ihnen schwerfällt, danach wieder den roten Faden zu finden, um Ihre Präsentation fortzuführen.

1. Situation beschreiben: Bei der letzten Präsentation hat mich mein Kollege gefühlt 20-mal mit Fragen unterbrochen. Irgendwann habe ich ihn ärgerlich angefahren: »Hören Sie auf, mich ständig zu unterbrechen. Haben Sie keine Erziehung genossen?«

2. Was hätte mir in der Situation geholfen?

- Ich hätte mir vor der Präsentation Zeit nehmen können, um meine Atemübungen zu machen und noch einmal die Folien durchzusehen. Damit bekomme ich mehr Sicherheit und bin entspannter.

- Zu Beginn der Präsentation hätte ich allen Anwesenden mitteilen können, dass mir Fragen erst am Ende gestellt werden sollen.

- Ich habe mein Bedürfnis nicht geachtet, die Präsentation in Ruhe und somit sicherer durchzuführen. Stattdessen habe ich den Kollegen gewähren lassen. Ich hätte nicht so lange warten sollen ihm mitzuteilen, dass ich Fragen erst am Ende meiner Präsentation möchte.

Bedienen Sie sich: Techniken zum besseren Umgang mit der Wut

Ich wünsche Ihnen, dass auch Sie die machtvolle Kraft Ihrer Wut nutzen und sie in etwas Positives umwandeln. Finden Sie Ihr eigenes System aus für Sie passenden Techniken und Methoden, das Ihnen hilft, mit der kraftvollen Emotion Wut umzugehen!

> »Life isn't about waiting for the storm to pass. It's about learning to dance in the rain!« (Verfasser unbekannt)

Die »Was meinen Sie genau?«-Technik

BEISPIEL

Nach ihrer Präsentation wird Susanne ärgerlich von einer Kollegin angesprochen: »Das stimmt doch hinten und vorne nicht, was Sie uns da erzählen.« Susanne antwortet trotzig: »Na, dann machen Sie es doch besser!« Susanne ist verletzt: Sie hat sich so viel Mühe gegeben bei ihrem Vortrag. Die Kritik ist ungerecht! Sie merkt, wie auch in ihr langsam, aber sicher Ärger aufsteigt.

Probieren Sie doch einmal Folgendes, wenn Sie in eine vergleichbare Angriffssituation geraten:

1. Stabilisieren Sie sich zunächst körperlich und mental (siehe hierzu das Kap. »Einen kühlen Kopf bewahren mit dem 4-Punkte-System«).

2. Halten Sie dem Blick Ihres Gegenübers stand. Wenn das schwierig für Sie ist, dann fixieren Sie die Mitte der Augenbrauen Ihres Gegenübers.

3. Sagen Sie: »Was meinen Sie genau?«

Sie werden in der Regel folgende Reaktionen erleben:

- Ihr Gegenüber wird entweder wegschauen, oder

- es wird mit dieser Frage auf die Sachebene zurückgeholt.

BEISPIEL

Susanne fragt: »Was meinen Sie genau?« Ihre Kollegin antwortet: »Na, die Zahlen stimmen nicht!« Susanne belegt ihr daraufhin mit Berechnungen, dass die Zahlen sehr wohl stimmen. Ärger und Streit abgewendet! Die beiden kommunizieren jetzt auf der Sachebene und nicht auf der konfliktgeladenen Beziehungsebene.

Gelingt es trotz dieser Frage nicht, die Situation auf die Sachebene zurückzubringen, haben Sie zumindest einen Augenblick Zeit gewonnen, sich zu stabilisieren.

In Angriffssituationen eignet sich auch die Methode der Gewaltfreien Kommunikation, um dem anderen mitzuteilen, welche Wirkung sein Verhalten auf Sie hat (siehe hierzu das Kap. »Von Gefühlen und Bedürfnissen«).

Der Atem-Countdown

Diese Übung ist eine klassische Atemübung, die eine sehr entspannende Wirkung hat. Sie eignet sich also besonders gut für Situationen, in denen Sie bereits intensiv Ärger bzw. Wut spüren – in denen also Entspannung dringend nötig ist.

Sie können diese Übung im Sitzen oder im Stehen durchführen. Wenn Sie alleine sind, empfehle ich Ihnen die Augen zu schließen oder den Blick nach unten zu senken oder einen bestimmten Punkt mit Ihren Augen zu fixieren, so dass Sie nicht abgelenkt werden. Stehen Sie, stellen Sie Ihre Beine hüftbreit auseinander, so dass Sie einen sicheren Stand haben. Ihr Rücken ist gerade.

Atmen Sie durch die Nase ein- und auf dem gleichen Weg wieder aus. Wenn Ihnen das Ausatmen durch die Nase schwerfällt, können Sie die Lippen beim Ausatmen leicht öffnen. Atmen Sie ein und wieder aus. Beim ersten Ausatmen denken Sie an die Zahl 10. Wenn Sie alleine und ungestört sind, können Sie sie auch laut vor sich her sagen. Atmen Sie wieder ein. Beim zweiten Ausatmen denken Sie an die Zahl 9. So geht es weiter, bis Sie bei 0 angelangt sind. Es macht überhaupt nichts, wenn Sie vergessen, bei welcher Zahl Sie gerade waren. Fangen Sie dann einfach wieder bei 10 an. Machen Sie das so lange, bis Sie entspannter sind und Ihre Wut nachgelassen hat.

Wenn Sie merken, dass sich während der Übung Ihr Gedankenkarussell dreht und Sie immer wieder vom Countdown ablenkt, weil Sie sich mit Wut unterstützenden Gedanken befassen, dann können Sie sich sagen: »Meine Gedanken kommen und meine Gedanken gehen. Ich lasse jetzt meine Gedanken los und konzentriere mich wieder auf meinen Atem.« Oder Sie sagen sich: »Ich atme ein und ich atme aus. Ich atme ein und ich atme aus. Ich atme ein und ich atme aus ...« usw. Dann fangen Sie wieder an, zu zählen und sich auf Ihren Atem zu konzentrieren.

Einatmen: Gelassenheit – ausatmen: Ärger und Wut

Auch die folgende Übung hilft Ihnen dabei, sich zu entspannen. Sie gibt Ihnen Stabilität und Sicherheit. Sie kann Sie dabei unterstützen, Ihren Ärger und Ihre Wut in den Hintergrund treten zu lassen. Das besonders Schöne an dieser Übung ist, dass Sie sie immer und überall machen können, egal ob Sie gerade bei der Arbeit, in einem Meeting, an der Supermarktkasse, im Stau sind oder zu Hause auf dem Sofa sitzen.

Ich empfehle Ihnen jedoch, mit dieser Atemmeditation an einem Ort zu beginnen, an dem Sie für sich sind und Sie niemand stört. Schließen Sie die Türe, schalten Sie das Handy aus. Stellen Sie einen Timer auf 5 bis 10 Minuten. Später können Sie, wenn Sie mögen, die Dauer dieser Übung erhöhen.

1. Setzen Sie sich bequem hin. Atmen Sie dreimal tief durch die Nase ein und mit einem Seufzer wieder aus. Vielleicht wollen Sie dem Ausatmen ein lautes »Ach ja« hinzufügen oder etwas anderes, was Ihnen in den Sinn kommt.

2. Schließen Sie jetzt Ihre Augen oder halten Sie Ihren Blick auf einen bestimmten Punkt gerichtet. Konzentrieren Sie sich auf Ihren Atem: Atmen Sie durch die Nase ein und durch die Nase wieder aus. Wenn Ihnen das Ausatmen durch die Nase schwerfällt, können Sie dabei die Lippen leicht öffnen. Konzentrieren Sie sich ganz auf Ihren Atem. Zur Unterstützung können Sie die Hände auf Ihren Bauch legen: Beim Einatmen hebt sich die Bauchdecke leicht, beim Ausatmen senkt sie sich.

3. Nehmen Sie ganz entspannt wahr, wie Sie atmen. Wichtig ist, dass es nicht darum geht, etwas verändern zu wollen. Nehmen Sie wahr, wie Sie atmen. Ist Ihr Atem tief, flach, weich, hart, kurz, lang, ruhig, abgehackt, schnell, langsam?

4. Nach einer Weile stellen Sie sich vor, dass mit jedem Einatmen immer mehr Gelassenheit und Entspannung in Ihren Körper fließen. Mit jedem Ausatmen lassen Sie allen Ärger, alle Wut, allen Stress los. Wenn Sie alleine sind, können Sie dies laut zu sich selbst sagen: »Mit jedem Einatmen fließen immer mehr Gelassenheit und Entspannung in meinen Körper hinein. Mit jedem Ausatmen lasse ich alles los, was mich ärgert und wütend macht, was mich stresst.«

5. Nehmen Sie noch einmal wahr, wie Sie atmen. Ist Ihr Atem tief, flach, weich, hart, kurz, lang, ruhig, abgehackt, schnell, langsam? Nehmen Sie Ihren Atem nur wahr; es geht nicht darum, etwas verändern zu wollen.

Wenn Sie fertig sind, beantworten Sie folgende Fragen:

- Wie war heute mein Atmen zu Beginn der Atemmeditation?
- Wie war heute mein Atmen, als ich die Atemmeditation beendet habe?
- Welche Gedanken hatte ich während der Atemmediation? Konnte ich sie kommen und gehen lassen? Wenn nicht, was hat mich daran gehindert?
- Wie habe ich mich zu Beginn der Atemmeditation gefühlt?
- Wie habe ich mich am Ende der Atemmeditation gefühlt?

(Auszug aus dem Buch von Annette Auch-Schwelk, »Mit Schmerzen leben«, Junfermann Verlag)

Die Wuu-Atmung

Peter A. Levine, Doktor der medizinischen Biophysik und Psychologie, arbeitete unter anderem als Stressberater bei der NASA. In seinem Buch »Vom Schmerz befreit – Entdecken Sie die Kraft Ihres Körpers, Schmerzen zu überwinden« beschreibt er die folgende Übung.

»Finden Sie einen bequemen Ort zum Sitzen. Atmen Sie langsam ganz ein und halten Sie dann kurz inne. Beim Ausatmen lassen Sie behutsam den Ton »Wuu« vibrieren, als käme dieser aus Ihrem Bauch. Halten Sie diesen Ton während der gesamten Ausatmung. Lassen Sie den Atem ganz aus dem Körper strömen, und dann halten Sie inne und warten, dass das Einatmen von selber geschieht. Wiederholen Sie dies mehrmals und spüren Sie dann Ihren Körper, vor allem die Finger, Hände und Füße wie auch andere Körperbereiche, die sich möglicherweise lebendiger anfühlen.«

Er empfiehlt, diese Übung mindestens dreimal am Tag zu machen. Meine Empfehlung: Sagen Sie das »Wuu« nicht laut im Meeting oder direkt vor den Kollegen. Machen Sie die Übung an einem Ort, an dem Sie ungestört sind.

Beschreiben Sie danach Ihre Erfahrungen mit dieser Übung. Halten Sie fest, wie es sich angefühlt hat.

Ich sehe was, was du nicht siehst, und das ist …

Vielleicht kennen Sie sie auch aus Ihrer Kindheit: die öden langen Autofahrten zum Urlaubsziel. Irgendwann fingen Sie und Ihre Geschwister vor lauter Langeweile an zu nörgeln und zu streiten. Bis, ja, bis die Eltern vorschlugen: »Lass uns doch »Ich sehe was, was du nicht siehst« spielen.« Schon war der Ärger vergessen, und alle fingen gemeinsam an zu raten.

Das Spiel lässt sich auch noch im Erwachsenenalter hervorragend als Ärger- und Wutbremse einsetzen.

Angenommen, Sie sind in einem Meeting und merken, wie Sie langsam ärgerlich werden: Sie haben noch so viel zu tun und wollen pünktlich Feierabend machen, doch der Chef findet kein Ende bei seiner Präsentation. Er hat die für das Meeting angesetzte Zeit bereits um 15 Minuten überzogen. Natürlich sollten Sie jetzt nicht laut in den Raum rufen: »Ich sehe was, was du nicht siehst, und das ist …« Obwohl das die Kollegen, die sicherlich auch wegen der Verzögerung langsam ärgerlich werden, sehr wahrscheinlich amüsieren und von ihrem Ärger ablenken würde.

Dezenter lässt sich das Spiel als stille Übung nutzen, die Sie ganz unauffällig durchführen können, um Ihren Ärger in den Griff zu bekommen: Schauen Sie bewusst sich um – was sehen Sie? Sie müssen dabei nicht aufstehen und auch nicht den Kopf wild hin und her bewegen. Blicken Sie ganz langsam und bewusst im Raum umher. Was nehmen Sie wahr? Was sehen Sie?

Benennen Sie das, was Sie sehen, in Gedanken:

- Ich sehe den Beamer.

- Ich sehe die grüne Brille meines Chefs.

- Ich sehe den schwarzen Laptop von Fritz.

- Ich sehe die silberne Uhr meiner Kollegin Adelheid.

- Ich sehe das rote Hemd meines Kollegen Jens.

Konzentrieren Sie sich ganz auf das, was Sie sehen. Es geht bei der Übung nicht darum, so viel wie möglich zu sehen. Sie zielt vielmehr darauf ab, Ihre Aufmerksamkeit einen Augenblick wegzulenken von Ihrem Ärger und den Ärger fördernden Gedanken wie: »Mensch, wieso hört mein Chef nicht endlich auf? Ich habe noch so viel Arbeit auf dem Schreibtisch liegen!« Selbstverständlich heißt das nicht, dass Sie Ihrem Chef nicht mitteilen dürfen, dass die Zeit bereits um ist, doch es macht einen großen Unterschied, ob Sie es entspannt sagen oder verärgert.

Sehen – Hören – Fühlen

Diese Achtsamkeitsübung ist eine Erweiterung der »Ich sehe was, was du nicht siehst«-Übung. Auch sie lenkt Ihre Aufmerksamkeit weg von Ihrem Ärger und Ihrer Wut hin zu den Dingen, die Sie wahrnehmen können, und zwar mit allen Sinnen. Konzentrieren Sie sich auf Ihre Umgebung und nehmen Sie sie ganz bewusst wahr, indem Sie Schritt für Schritt die folgenden Sätze ergänzen:

1. Ich sehe ...

2. Ich höre ...

3. Ich fühle ...

Anspannen und loslassen

Diese Übung hilft Ihnen dabei, die Anspannung, die durch Ärger und Wut entsteht, abzubauen.

1. Suchen Sie sich einen Ort, an dem Sie für kurze Zeit ganz für sich sein können.

2. Stellen Sie sich aufrecht hin. Ihre Beine sind dabei hüftbreit auseinander.

3. Spannen Sie jetzt Ihren ganzen Körper so intensiv wie möglich an: Drücken Sie dazu Ihre Pobacken fest zusammen. Den Bauch ziehen Sie in Richtung Ihrer Wirbelsäule. Stellen Sie sich vor, Sie stemmen die Füße und die Beine fest in die Erde. Spannen Sie alle Muskeln an. Ihre Arme strecken Sie beide nach oben zur Decke. Die Hände ballen Sie so fest wie möglich zu Fäusten. Das Gesicht ziehen Sie zu einer Fratze. Beißen Sie die Zähne fest zusammen.

4. Halten Sie die Anspannung in Ihrem Körper für ein paar Minuten. Sie können nicht mehr? Machen Sie trotzdem noch weiter. Frei nach dem Motto: »Zähne zusammenbeißen und durch!«

5. Nach ein paar Minuten beziehungsweise, wenn Sie das Gefühl haben, es geht nicht mehr, lassen Sie die Arme nach un-

ten fallen. Atmen Sie dabei tief aus. Vielleicht haben Sie auch Lust, gleichzeitig tief und laut zu seufzen. Beugen Sie Ihren Oberkörper nach vorne, lassen Sie die Arme locker gen Boden baumeln und lassen Sie alle Anspannung los. Wenn möglich, legen Sie sich hin oder setzen Sie sich auf einen Stuhl.

6. Spüren Sie dann ganz bewusst in sich hinein: Wie fühlt sich Ihr Körper jetzt, wo Sie alle Anspannung losgelassen haben?

Fantasiereise in die Katastrophe

Wenn Sie eine Situation übertrieben darstellen, kann dies helfen, Ihren Wut und den Ärger zu mildern. Wie das geht, will ich Ihnen an einem Beispiel demonstrieren:

Angenommen, Ihr Nachbar ist gerade dabei, seine Wohnung zu renovieren. Da er tagsüber arbeiten geht, verwandelt er sich oft erst nach 18 Uhr in einen Handwerker. Es ist Montag, 23 Uhr. Sie sind müde und erschöpft von einem langen Arbeitstag und liegen bereits im Bett und sind gerade am Einschlafen. Plötzlich ertönen direkt über Ihnen laute Bohrgeräusche. Ihr Nachbar ist mal wieder aktiv! Wütend stehen Sie aus Ihrem Bett auf, werfen sich etwas über und haben bereits die Türklinke in der Hand, um nach oben zu stürmen ...

Stopp! Und genau hier setzt die Übung ein. Halten Sie inne und stellen Sie sich die Frage:

1. »Was kann ich tun, damit es eine Katastrophe gibt?«: Lassen Sie Ihre Fantasie spielen. Die Gedanken sind frei: Sie dürfen

grausam, verletzend und garstig sein. Alles ist erlaubt! Vielleicht antworten Sie sich dann: »Ich könnte einen Eimer mit kaltem Wasser füllen, nach oben rennen und ihm, wenn er die Türe aufmacht, ins Gesicht schütten. Oder ich könnte ihm gleich eine Ohrfeige verpassen. Ich könnte die Polizei anrufen und ihn anzeigen wegen Ruhestörung. Oder ich könnte ihn mit dem Messer bedrohen. Eine weitere Möglichkeit ist, ihn aus dem Fenster zu werfen.«

Malen Sie sich alles aus, was Sie tun können, damit es auf keinen Fall zu einer guten Lösung kommt. Fällt Ihnen nichts mehr ein, fragen Sie sich:

2. »Was passiert, wenn ich das tatsächlich mache?«: Lassen Sie auch hier Ihrer Fantasie freien Lauf. Ihr Nachbar wird nach all dem, was Sie ihm antun würden, wohl kaum sagen: »Ah danke, dass Sie mich darauf aufmerksam gemacht haben, dass mein nächtliches Bohren Sie stört. Ihre Reaktion ist völlig angemessen.« Sie werden sich eher vorstellen, wie Sie beide vor Gericht stehen, ein jahrelanger Nachbarschaftsstreit entflammt oder Sie gar im Gefängnis landen, obwohl er nur ein paar Male um 23 Uhr gebohrt hat ... was für ein Aufwand!

Fragen Sie sich: Ist es das wert? Wohl kaum. Finden Sie nun eine Antwort auf die folgende letzte Frage dieser Übung:

3. »Anstatt eine Katastrophe auszulösen, was gibt es alternativ für eine Lösung?«: Wenn die Fantasiereise in die Katastrophe Ihren Ärger verfliegen hat lassen, finden Sie sicherlich gute Antworten darauf. Sie können nun vielleicht eine Entspan-

nungstechnik anwenden, um danach gefasst und ruhig mit Ihrem Nachbarn darüber zu reden, wie es Ihnen geht, wenn er nach 23 Uhr noch bohrt. Hierfür empfehle ich Ihnen die Gewaltfreie Kommunikation nach Marshall B. Rosenberg (siehe hierzu näher das Kap. »Von Gefühlen und Bedürfnissen«).

Was ist das Schlimmste, was mir passieren kann?

Diese Übung ist eine weitere Übung aus der Kategorie Katastrophenszenarien. Sie fragen sich hier: Was ist das Schlimmste, was mir passieren kann? Diese Frage und das Nachdenken darüber haben ungemein entspannende Wirkung. Dies gilt vor allem in Situationen, in denen wir auf 180 sind, uns also ärgern oder wütend sind.

Auch diese Übung lässt sich am besten anhand eines Beispiels erklären:

Angenommen, Sie stehen mit Ihrem Auto im Stau. Nichts geht mehr. Ausgerechnet heute, wo Sie einen wichtigen Termin mit Ihrem Kunden haben. Sie sitzen seit 5 Minuten fest. Sie merken, wie Sie langsam ärgerlich werden. Weitere 10 Minuten vergehen. Sie schauen immer wieder nervös auf die Uhr. 15 Minuten sind vorbei. Ihnen rinnt die Zeit davon – und Sie können scheinbar nichts daran ändern: Das ärgert Sie ungemein. Nach weiteren 20 Minuten hauen Sie wütend mit Ihrer Hand aufs Lenkrad und rufen laut: »Warum geht denn hier nichts voran? Ich muss zu meinem Termin!«

Stopp! Halten Sie kurz in Ihrer Wut inne und stellen Sie sich folgende Frage:

»Was kann ich im Moment an der Situation ändern?« Ihre Antwort wird vermutlich sein: »Nichts!«

Doch, Sie können etwas tun, sogar etwas sehr Wirksames: Sie können Ihre Einstellung ändern! Sie können entscheiden, ob Sie sich darüber aufregen, ob Sie wütend werden oder nicht. Dabei kann es hilfreich sein, sich eine weitere Frage zu stellen:

»Was ist das Schlimmste, was mir passieren kann?«

Malen Sie sich nun aus, welche Katastrophen sich ereignen können: Angenommen, Sie kommen wegen des Staus zu spät zu Ihrem Termin. Ist es so, dass Ihr Chef Ihnen sofort kündigen wird? Nein, im Normalfall nicht. Ist es so, dass er Sie oder Ihre Familie grob beleidigt deswegen? Nein, natürlich nicht. Was ist realistisch gesehen, das Schlimmste was passieren kann? Sie haben nur noch wenig Zeit mit dem Kunden oder der Termin fällt ganz aus. Natürlich ist das nicht toll, doch vielleicht besteht die Möglichkeit, die Angelegenheit telefonisch zu klären. Sie können nichts an der Tatsache ändern, dass Ihr Auto im Stau steht, doch Sie können entscheiden, ob Sie sich aufregen oder nicht.

> Sich vor Augen zu führen, was tatsächlich das Schlimmste ist, was passieren kann, kann Ihnen dabei helfen zu entspannen.

Vor einiger Zeit fuhr ich sehr früh morgens vom Hotel mit der S-Bahn zum Flughafen. Ich kannte mich nicht aus in der Stadt und hatte nur flüchtig geschaut, in welche Richtung ich fahren muss. Mit der Gewissheit, dass ich 45 Minuten mit der S-Bahn zum Flughafen benötigte, stellte ich meinen Timer am Handy auf 30 Minuten und hörte Musik. Erst als der Timer klingelte, schaute ich, wo ich bin. Nach ein paar Minuten stellte ich fest, dass ich in die verkehrte S-Bahn – weg vom Flughafen – gestiegen war. Auch wenn ich in ein Taxi gestiegen wäre, meinen Flug hätte ich nicht mehr bekommen können. Nach ein paar Atemübungen und der Beantwortung der Frage: »Was ist das Schlimmste, was mir passieren kann?«, rief ich meinen Kunden an und sagte ihm, dass ich unser Coaching verschieben muss. Erleichtert sagte er mir am Telefon mit einem tiefen Seufzer: »Ach wie gut, ich wollte auch schon vorschlagen, dass wir den Termin verlegen. Heute ist bei mir so viel los!«

Anstatt mich über mich selbst zu ärgern, dass ich nicht richtig geschaut habe, in welche Richtung ich fahren muss, bin ich gemütlich frühstücken gegangen. Somit hatte die Unachtsamkeit am frühen Morgen für beide Seiten einen positiven Ausgang.

Mein Wintermantel, oder: Nicht alles persönlich nehmen

Diese Übung hilft Ihnen dabei, erst gar nicht in den Ärger- und Wut-Modus zu gelangen.

Stellen Sie sich vor, es ist Winter. Es ist kalt und schneit. Gehen Sie dann nackt auf die Straße? Nein, vermutlich nicht! Sie ziehen sich zum Schutz vor der Kälte einen Wintermantel an. Genauso können Sie verfahren, wenn Sie sich angegriffen fühlen, wenn der sensible Anteil in Ihnen Schutz braucht – Schutz vor Ihren eigenen Angriffen oder den der anderen.

Streifen Sie sich symbolisch einen Schutzmantel über. Dieser Schutzmantel ist etwas ganz Besonderes: Alle echten und vermeintlichen Giftpfeile prallen daran ab. Vielleicht zaubert Ihnen alleine der Gedanke daran ein Lächeln auf die Lippen und Sie können bereits etwas entspannen.

Anhand der folgenden Beispiele sehen wir uns genauer an, welche Wirkung der Schutzmantel hat.

- Angenommen, Sie betreten Ihr Büro. Die Kolleginnen, mit denen Sie das Büro teilen, hören sofort auf zu reden und schauen Sie an. Mit dem Gedanken »Die haben bestimmt über mich geredet!«, gehen Sie an Ihren Platz. Sie merken, dass Sie wütend werden.

- Ihre Freundin ruft am Morgen an und sagt Ihnen das für den Abend geplante Treffen ab. »Unmöglich, so spät abzusagen! Das macht sie nur, um mich zu ärgern.«, denken Sie und merken, wie Sie immer ärgerlicher werden.

Wenn Sie das nächste Mal Situationen wie diese erleben, stellen Sie sich vor, dass Sie Ihren Schutzmantel anziehen. Lassen Sie ihn als Schutzschild wirken. Sagen Sie sich dabei laut oder leise:

»Das hat nichts mit mir zu tun!«

Konzentrieren Sie sich dann darauf, dem gekränkten, verletzten Anteil in Ihnen mehr Beachtung zu schenken. Sich selbst gegenüber einzugestehen: »Ich bin verletzt, gekränkt, ich habe Angst, ich brauche Zuwendung, ich möchte angenommen werden« usw., ist hierfür ein wichtiger Schritt, um dann zu ergründen, welches Bedürfnis hinter Ihrem Ärger steckt.

Kommen wir zur Erläuterung noch einmal auf eines der Beispiele oben zurück: Ihre Freundin hat morgens das Treffen für den Abend abgesagt. Weshalb fällt es Ihnen schwer anzunehmen, dass sie wirklich spontan krank geworden ist? Was für ein Bedürfnis steckt dahinter? Vielleicht haben Sie gerade das starke Bedürfnis nach Zuwendung, brauchen dringend jemanden zum Reden – und ausgerechnet jetzt wird Ihre Freundin krank! Das verletzt Sie, macht Sie traurig. Anstatt ärgerlich zu werden und dem anderen die Schuld dafür zu geben, teilen Sie der Person Ihr Bedürfnis mit: »Wie schade, dass du krank geworden bist. Ich wünsche dir gute Besserung! Im Moment bin ich traurig, da ich gerade ein starkes Bedürfnis nach Zuwendung habe und mir danach ist, mit dir zu reden. Ich freue mich, wenn es dir bessergeht und wenn wir das Gespräch nachholen können!«

Ihre Freundin wird sich umso lieber zu einem neuen Treffen melden, sobald sie wieder gesund ist, wenn Sie Empathie für sie zeigen, anstatt sie mit Schuldzuweisungen zu konfrontieren oder in Ihrem Gekränktsein zu verharren. Vielleicht hat ein anderer Ihnen vertrauter Mensch für Sie Zeit. Und wenn nicht, ist es auch okay. Denn es gibt immer einen Menschen, der Zeit für

Sie hat: Sie selbst! Schenken Sie sich selbst die Zuwendung, die Sie brauchen.

Schlafen Sie drüber!

BEISPIEL

Eine Kollegin schreibt Ihnen eine E-Mail. Darin beschwert sie sich, dass Sie noch immer nicht die geforderten Zahlen abgeliefert haben. Doch sie richtet die Mail nicht nur an Sie, sondern setzt Ihren Chef und zwei weitere Kollegen mit auf den Verteiler. Ihr erster Gedanke ist: »So eine blöde Kuh! Die hätte mich doch auch anrufen können. Sie weiß doch ganz genau, dass ich selbst noch auf die Zahlen warte und sie deswegen nicht weitergegeben habe. Na warte, der zeig ich's!« Sie schreiben eine bissige Mail und klicken wütend auf »Antworten an alle«.

30 Minuten später haben Sie sich etwas beruhigt. Sie lesen Ihre eigene Mail nochmals durch und denken: »Na gut, ich hätte es anders formulieren können. War eine kindische Trotzreaktion von mir.«

Angriffe wie diese sind Resultat einer Kurzschlussreaktion im Gehirn, die blitzschnell automatisiert abläuft. Erst später, wenn die Situation nicht mehr so akut ist, können wir wieder klar denken. Was uns in der Steinzeit das Leben rettete, kann heute zu unpassenden Reaktionen führen, die viel verbrannte Erde hinterlassen.

Können Sie Dinge nicht mehr rückgängig machen, empfehle ich Ihnen: Lassen Sie sich Zeit, Zeit, bis Sie wieder in der Lage sind, klar zu denken. Schreiben Sie ruhig die Mail, drücken Sie jedoch nicht auf »Senden«. Befassen Sie sich noch einmal mit der Situation, wenn Sie wieder ruhiger geworden sind, und tun Sie in der Zwischenzeit etwas ganz anderes.

Nehmen Sie es mit Humor

Nicht immer hilft ein Lachen und in manchen Situationen bleibt es uns förmlich im Hals stecken. Doch es kann ein gutes Hilfsmittel sein, um zu entspannen und somit einen besseren Umgang mit dem Ärger, der Wut zu finden. Joachim Ringelnatz stellte einst fest: »Humor ist der Knopf, der verhindert, dass uns der Kragen platzt!«

Vielleicht hilft es Ihnen, sich in Augenblicken der Wut und des Ärgers an einen humorvollen Moment aus Ihrem Leben zu erinnern. Was zaubert Ihnen ein Lächeln auf die Lippen? Vielleicht sind es auch humorvolle Sätze wie diese:

- »Lächle, du kannst sie nicht alle töten.«

- »Ich würde mich sehr gerne geistig mit Ihnen duellieren, doch ich sehe, Sie sind unbewaffnet.«

- »Jeder Mensch hat einen Sinn im Leben und sei es nur als schlechtes Beispiel.«

- Sollten Sie ein Freund des schwarzen Humors sein, ist vielleicht dieser Spruch passend: »Wenn du wirklich wütend auf jemanden bist, atme ruhig durch, zähle langsam bis drei – und schlag bei zwei zu. Das erwartet niemand.«

BEISPIEL

Eine Coaching-Klientin sagte lächelnd zu mir: »Seit ich Yoga mache, kann ich nicht nur Om sagen.« Während sie es sprach, benutzte sie die typische Handbewegung dafür, eine Geste, die Mudra genannt wird. Sie öffnete ihre Handflächen, Zeigefinger und Daumen berührten sich. Und weiter: »Ich kann auch diesen hier«, und zeigte mir dabei den »Stinkefinger«. Wenn sie wütend ist, macht sie diese Gesten vor dem Spiegel und muss jedes Mal lächeln.

Humor und Kreativität: eine gute Kombination

Kombinieren Sie Humor mit Kreativität. Auch das kann Ihnen helfen, einen entspannteren Umgang mit Ihrer Wut zu finden.

Lassen Sie Ihre Fantasie spielen und geben Sie Ihrer Wut, Ihrem Ärger ein Gesicht, einen Namen oder eine Gestalt. Führen Sie dazu zum Beispiel die folgenden Sätze zu Ende:

- Wenn der Ärger oder die Wut ein Tier, ein Symbol oder ein Gegenstand wäre, dann ist es …

- Wenn der Ärger oder die Wut einen Namen hätte, dann würde sie heißen …

Angenommen, Sie sehen einen Tiger als Tier. Dann sagen Sie sich jedes Mal, wenn Sie ärgerlich oder wütend werden »Aha der Tiger ist wieder da!« Wenn Sie Ihrer Wut einen Namen gegeben haben, dann können Sie zu sich selbst sagen: »Willkommen Herkules, auf in die nächste Runde!« Das kann helfen, dass Sie schmunzeln und etwas entspannen.

Wenn Sie Lust haben, dem Ärger und der Wut auf weitere humorvolle und kreative Weise zu begegnen, dann kaufen Sie sich das Buch »Mein Wut-Kritzelbuch« von Julia Dudenko. Darin können Sie Ihr »Wutmonster« ausmalen. Die Autorin hat noch viele weitere Tipps parat, kreativ mit der Wut umzugehen:

- Sie können Ihre Wut davonsegeln oder kentern lassen. Schreiben Sie Ihre Wut auf einen Zettel. Basteln Sie ein Papierschiffchen daraus und setzen Sie es ins Wasser, zum Beispiel in die Badewanne, in den Gartenteich oder in die Regentonne.

- Oder Sie falten aus dem Zettel einen Papierflieger und lassen ihn fliegen.

Denken Sie immer daran: Manchen Menschen ist das Wasser zu warm. Manchen Menschen ist es zu kalt. Bei denjenigen, denen das Wasser zu nass ist, haben Sie keine Chance. Diese Menschen werden immer Gründe finden zu meckern. Wie sagte Berti Vogts: »Wenn ich übers Wasser laufe, dann sagen meine Kritiker: Und schwimmen kann er auch nicht!«

Expressives Schreiben

Schreiben kann heilende Wirkung haben, das wusste schon Shakespeare, der im Trauerspiel vom Macbeth dazu aufforderte: »Gebt eurem Schmerz Worte: ein stummer Schmerz presst seine Klagen in das Herz zurück, und macht es brechen«. Mittlerweile ist die Heilkraft des Schreibens wissenschaftlich belegt. Der Psychologe James Pennebaker erforscht sie seit Jahren. Er konnte in einem Experiment mit Studenten belegen, dass das Aufschreiben von belastenden Ereignissen dabei helfen kann, mit deren Auswirkungen besser klar zu kommen. Die Zeit Online schreibt: »Prof. Pennebaker stellte fest, dass Studenten, die vier Tage hintereinander je 15 Minuten über ein belastendes Ereignis schrieben, in den darauffolgenden Monaten deutlich weniger krank waren, seltener zum Arzt gingen und sich emotional stabiler fühlten« (http://www.zeit.de/2016/14/tagebuch-schreiben-schreibtherapie-trauma-behandlung-psychologie-james-pennebaker).

Profitieren Sie von dieser Wirkung und schreiben Sie sich alles von der Seele, was Sie belastet. Vielleicht war es die Kollegin, die sich vor anderen über Sie lustig gemacht hat und auf die Sie heute noch wütend sind, der Autofahrer, der Sie angefahren hat und Fahrerflucht begangen hat oder Ihre Eltern, die ihre Wut oft an Ihnen ausgelassen haben, als Sie ein kleines Kind waren. Schreiben Sie alles auf.

Legen Sie sich dazu ein schönes Blanko-Buch zu oder nutzen Sie Ihr Wut- und Ärger-Tagebuch (siehe dazu das gleichnamige Kapitel). Sorgen Sie dafür, dass Sie in der Zeit des Schreibens ungestört sind.

Nehmen Sie sich nach jedem Schreiben einen Moment Zeit und überlegen Sie: Wie geht es mir jetzt? Wie fühle ich mich? Welche Gedanken habe ich gerade?

> Sollten die Ereignisse Sie sehr aufwühlen und immer wieder beschäftigen, holen Sie sich professionelle Unterstützung von einem Arzt oder Therapeuten.

Entrümpeln Sie Ihr Gehirn

Sie können nicht einschlafen oder liegen nachts wach, weil Sie sich noch immer über Ihren Kollegen, die Nachbarin, die Chefin, die viele Arbeit, das kaputte Auto oder über das Leben an sich ärgern?

Entrümpeln Sie Ihr Gehirn! Schreiben Sie sich von der Seele, was Sie stört und belastet. Notieren Sie alles, was Sie gerade ärgert oder was Sie wütend macht. Dabei ist weder Rechtschreibung noch Grammatik wichtig. Schreiben Sie einfach drauflos.

Um nachts nicht aufstehen zu müssen, legen Sie sich am besten einen Zettel und einen Stift neben Ihr Bett.

Ihr Ärger- und Wutbrief

Wie wäre es, wenn Sie Ihrer Wut oder Ihrem Ärger einen Brief schrieben? Ein Brief eignet sich hervorragend dazu, sich alles von der Seele zu schreiben.

Legen Sie sich schönes Briefpapier zu, auf das Sie den Brief schreiben oder ausdrucken. Nehmen Sie sich genügend Zeit und wählen Sie einen Ort, an dem Sie ungestört sind und in Ruhe schreiben können.

Verfassen Sie nun Ihren Brief an die Wut oder an Ihren Ärger. Gibt es etwas, das Sie dieser Emotion sagen wollen? Alles ist erlaubt! Vielleicht empfinden Sie Neugier und möchten wissen, weshalb die Wut oder der Ärger da sind. Was wollen Sie fragen, was wollten Sie ihnen schon immer sagen? Was belastet Sie? Können Sie auch Positives schreiben?

Wenn Sie fertig sind, spüren Sie in sich hinein und nehmen Sie ganz bewusst wahr, wie es Ihnen geht:

- Wie fühle ich mich jetzt?
- Welche Gedanken habe ich gerade?

Stecken Sie den Brief in einen Umschlag und verschließen Sie diesen. Bewahren Sie ihn gut auf. Vielleicht haben Sie ja Lust, ihn später wieder zu lesen, um festzustellen, wie sich Ihr Ärger und die Wut seitdem für Sie weiterentwickelt haben.

Beruhigungsmusik

Sicherlich haben Sie das auch schon bei sich bemerkt: Je nachdem, was Sie gerade für eine Musik hören, wirkt sich das auch auf Ihre Stimmung und Ihr Verhalten aus. Sind wir in gereizter, ärgerlicher Stimmung kann uns die Lieblingsballade oder ein klassisches Stück helfen, wieder runterzukommen. Sie sollten daher in Ihrem Notfallkoffer auch Beruhigungsmusik parat haben. Speichern Sie auf Ihrem Handy ein Musikstück, das Ihnen hilft, sich zu entspannen, sich zu beruhigen. Erstellen Sie eine Playlist mit beruhigender Musik, die Sie immer sofort parat haben, wenn Sie sie benötigen. Welche Musik Sie wählen, ist Ihrem Geschmack überlassen. Es können auch Klänge sein wie zum Beispiel Meeresrauschen oder Vogelgezwitscher.

Lassen Sie die Musik zum Beruhigungsritual werden, das Sie bei Herausforderungen unterstützt. Hören Sie für eine Weile immer dieselbe Beruhigungsmusik.

Während der Arbeitszeit können Sie die Musik in der Pause per Kopfhörer hören. Oder Sie gehen dazu an einen ungestörten Ort, so zum Beispiel in einen ungenutzten Besprechungsraum.

Alles fließt

Haben Sie das Gefühl, in Ihnen steigt Ärger auf und Sie müssen sich jetzt unbedingt gleich entspannen? Vielleicht kann Ihnen simples Wasser dabei helfen.

Stellen Sie sich an ein Waschbecken und drehen Sie den Wasserhahn auf. Das Wasser sollte nicht zu kalt und nicht zu warm sein. Öffnen Sie beide Hände und halten Sie sie mit den Handflächen nach oben. Lassen Sie Wasser über Ihre Handfläche zu Ihrer Speiche (etwas unterhalb der Handflächen) laufen. Stellen Sie sich vor, wie das Wasser alles wegspült, was Sie belastet und ärgert. Alles fließt von Ihnen ab! Atem Sie dabei ganz bewusst und ruhig ein und noch länger aus.

Machen Sie dies regelmäßig. Die ritualisierende Konditionierung kann helfen, dass sich das vegetative Nervensystem herunterregelt und Sie entspannter werden. Die gleiche Wirkung kann übrigens auch das Duschen haben.

Reibung erzeugt Wärme

Legen Sie beide Hände mit den Handflächen aufeinander. Reiben Sie sie schnell auf und ab. Machen Sie das so lange, bis Ihre Handflächen ganz warm sind. Legen Sie dann eine Hand auf die Stirn und die andere in Ihren Nacken. Schließen Sie dabei die Augen. Halten Sie die Hände so lange dort, wie es für Sie gut ist. Sie können dies ein paar Mal wiederholen.

Sie können diese Übung variieren, indem Sie eine Hand in den Nacken legen und eine an den Hals. Gerade in stark emotionalen Momenten verspannt der Nackenmuskel. Die Wärme kann ihn – zumindest ein bisschen – entlasten.

Eine weitere Variante: Legen Sie beide Hände nach dem Reiben auf Ihr Gesicht.

Blind vor Wut

Diese Übung hilft, wenn Sie richtig wütend oder ärgerlich sind: Blinzeln Sie mehrmals hintereinander ein paar Sekunden. Schließen Sie danach die Augen und atmen Sie tief durch.

Variante: Halten Sie beide Handflächen vor Ihre Augen. Die Handinnenflächen zeigen dabei zu Ihrem Gesicht. Bleiben Sie ein paar Sekunden in dieser Haltung. Schließen Sie die Augen und atmen Sie tief durch.

Vielleicht können Sie danach die Welt wieder mit anderen Augen sehen ...

Bewegung

Bewegung hilft, das bei Ärger und Wut ausgeschüttete Adrenalin wieder abzubauen. Dabei ist es egal, wie Sie sich bewegen. Hauptsache, die Bewegung tut Ihnen gut und macht Ihnen vielleicht sogar Spaß. Die Möglichkeiten, sich zu bewegen, sind schier unbegrenzt: ob Yoga, Kampfsport, Joggen, Tai Chi, Walken, Spazierengehen, Schwimmen, Fahrrad fahren, Tanzen etc. – alles ist geeignet.

Bewegung muss nicht auf die Freizeit beschränkt sein. Sie lässt sich auch hervorragend in den Büroalltag einbauen:

- Nehmen Sie statt des Lifts die Treppen.
- Gehen Sie nicht zum nächstgelegenen Kopierer. Gehen Sie zu dem, der eine Etage höher steht.
- Nutzen Sie die Mittagspause für einen Spaziergang um den Block.
- Besuchen Sie die Kollegen in ihrem Büro anstatt sie anzurufen.

Meine Wohlfühl-Oase

Wenn Sie verärgert und angespannt sind, ist es hilfreich, einen Ort zu haben, an dem Sie sich erholen und entspannen können. Einen Ort, an dem Sie sich wohlfühlen können – eine Wohlfühl-Oase.

Fällt Ihnen spontan ein solcher Ort nicht ein, machen Sie am besten die folgende Übung. Begeben Sie sich auf eine innere Entdeckungsreise, auf die Suche nach Ihrer eigenen Wohlfühl-Oase.

Sie können diese Übung auch mit einem vertrauten Menschen machen, der Ihnen den folgenden Text vorliest, so dass Sie selbst sich ganz Ihrer Entdeckungsreise hingeben können.

Los geht's:

Suchen Sie sich ein Plätzchen, an dem Sie für eine Weile ungestört sind. Setzen Sie sich hin. Machen Sie es sich gemütlich. Atmen Sie bewusst ein paar Mal tief ein und aus. Sie merken, wie Sie mit jedem Atemzug entspannter und gelassener werden.

Stellen Sie sich vor, es gibt einen Platz, an dem Sie sich so richtig wohlfühlen. Das kann ein realer Ort sein, den Sie kennen. Das kann ein Ort sein, den es nur in Ihrer Fantasie gibt. Hier können Sie »die Seele baumeln lassen«. Sie dürfen dort so sein, wie Sie sind. Alles ist gut dort. Es ist ein Platz, wo Sie sich rundherum wohlfühlen. Es ist friedvoll. Hier sind Sie entspannt. Ihr Körper ist entspannt. Es geht Ihnen gut. Sie können hier einfach so sein, wie Sie sind. Hier schöpfen Sie neue Kraft.

Vielleicht liegt Ihre Wohlfühl-Oase am Meer. Sie können das Meeresrauschen hören. Sie sehen die Möwen, die über Ihnen kreisen. Sie spüren den Sand zwischen Ihren Zehen.

Vielleicht ist es ein Platz im Wald. Sie hören die Rufe der Tiere. Sie fühlen das kalte Moos an Ihren Füßen. Sie riechen den Duft der Sträucher.

Vielleicht ist Ihr persönlicher Ort bei Ihnen zu Hause, auf Ihrem bequemen Sofa in Ihrem schönen Wohnzimmer, in dem Ihre Lieblingsmusik spielt.

Vielleicht gibt es Ihre Wohlfühl-Oase in der Realität auch gar nicht. Vielleicht erinnern Sie sich, dass Sie als Kind in Ihrer Fantasie mit den Wolken gereist sind. Alles ist möglich. Alles ist erlaubt. Alles ist gut.

Dieser Platz ist ein spezieller Ort. Es ist Ihr Ort. Hier gibt es kein Verurteilen. Kein Kleinmachen. Keine Kritik. Kein Bewerten. Kein Müssen. Kein Falsch und kein Richtig. Hier ist alles genau genauso, wie es für Sie angenehm ist!

Atmen Sie tief ein und aus. Geben Sie sich Zeit und schauen Sie, was kommt. Vielleicht sehen Sie einen Ort vor Ihrem inneren Auge. Vielleicht spüren Sie etwas. Vielleicht ist es die Idee von einem Platz, der erst noch entsteht? Geben Sie sich Zeit. Vertrauen Sie darauf, dass genau das Richtige für Sie kommen wird!

Lassen Sie sich überraschen, wie Sie jetzt zu diesem Ort gelangen. Lassen Sie sich überraschen, was für Sie Ihre persönlicher »Wohlfühl-Oase« ist. Und wie durch Zauberhand, wie durch ein Wunder stehen Sie jetzt, genau jetzt, an diesem Ort.

Sie haben Ihre Wohlfühl-Oase gefunden. Schauen Sie sich um. Wie sieht es dort aus? Welche Farben, welches Licht sehen Sie? Vielleicht gibt es Töne und Geräusche, die Sie wahrnehmen. Was schmecken Sie? Was riechen Sie? Was spüren Sie? Erkunden Sie jetzt diesen Ort. Tauchen Sie in ihn ein mit allen Sinnen.

Ihr Platz ist ein Ort der Entspannung. Des Wohlfühlens. Der Aufmerksamkeit. Der Achtsamkeit. Der Hingabe. Der Klarheit. Der Gelassenheit. Des Friedens. Hier kann alles sein. Hier können Sie »einfach sein«! Genießen Sie das Gefühl der Ruhe. Das Gefühl der Entspannung. Das Gefühl der Kraft und Klarheit. Hier sind Sie sicher. Wenn Sie möchten, können Sie sich Wächter vorstellen, die Ihren Ort bewachen. Hier sind Sie geborgen. Hier sind Sie frei. Sie fühlen sich hier lebendig. Genießen Sie das alles für eine Weile.

Haben Sie das Gefühl, es reicht für den Augenblick? Dann kommen Sie in Ihrem eigenen Tempo zurück ins Hier und Jetzt. Kommen Sie zurück mit der Gewissheit, dass Sie jederzeit an Ihren »Einfach-Sein-Platz« zurückkehren können. Machen Sie langsam Ihre Augen auf. Strecken Sie Ihre Beine und Arme aus. Stehen Sie langsam auf. Bewegen Sie sich.

Ab sofort ist es Ihnen jederzeit und überall möglich, zurück zu Ihrer Wohlfühl-Oase zu gehen. Es kann für einen Augenblick sein, es kann für ein paar Stunden sein – das entscheiden ganz allein Sie.

Wenn Sie Lust haben, können Sie sich eine Postkarte kaufen, die Sie an diesen Ort erinnert. Stellen Sie die Karte gut sichtbar auf Ihren Schreibtisch oder an einen Ort, an dem Sie sie auch im Alltag stets präsent haben, so zum Beispiel am Badezimmerspiegel. Es kann auch ein Gegenstand sein. Eine Muschel. Ein Stein. Oder ein selbst gemaltes Bild. Schauen Sie, was für Sie passt!

Jedes Mal, wenn Sie ärgerlich oder wütend werden, können Sie sich für einen Augenblick an diesen Ort zurückziehen, um zu entspannen! Nutzen Sie ihn.

(Auszug aus dem Buch von Annette Auch-Schwelk, Erfolgreich mit Selbstbewusstsein, Haufe Verlag)

Gedanken umformulieren

Manchmal sind wir gefangen in unserer Wut und unserem Ärger wie in einem Netz. Je mehr wir darin zappeln, desto stärker zieht es uns hinab in die Tiefe. Wir werden immer ärgerlicher und wütender, weil wir verstrickt sind in Gedanken, die unsere Wut und unseren Ärger nur noch verstärken.

Beispiele für solche Gedanken:

- Meine Kollegen telefonieren nur so laut, um mich zu nerven und mich von meiner Arbeit abzuhalten.

- Meine Chefin hat aus reiner Boshaftigkeit den Termin für das Meeting erst um 16 Uhr eingetragen, obwohl sie weiß, dass ich meine Kinder vom Kindergarten abholen muss.

- Mein Kollege greift mich immer persönlich an, nur um mich vor anderen bloßzustellen.

- Meine Kinder sind morgens mit Absicht so langsam, um mich auf die Palme zu bringen.

- Der Fahrer hinter mir fährt nur deswegen so dicht auf, weil er mich ärgern und damit angeben will, was für ein schnelles Auto er fährt.

Kommen Ihnen solche Gedanken bekannt vor? Wenn ja, welche sind es genau? Notieren Sie sie.

Genauso, wie unser Ärger- und Wutempfinden durch Gedanken verstärkt werden kann, genauso kann es mit Ärger und Wut lindernden Gedanken gesenkt werden.

Formulieren Sie deswegen Ihre Wut verstärkenden Gedanken ganz bewusst in Wut lindernde Gedanken um. Die folgenden Beispiele helfen Ihnen dabei.

- Meinen Kollegen ist es nicht bewusst, dass ich ihre Telefonate als so laut empfinde. Ich spreche das nachher gleich an und empfehle, dass wir uns gegenseitig ein Zeichen geben, wenn es für den anderen zu laut wird.

- Meine Chefin steht gerade sehr unter Druck und hat viele Termine. Bestimmt hat sie vergessen, dass ich um 16 Uhr die Kinder abholen muss. Ich werde es ihr gleich sagen und einen Alternativtermin vorschlagen.

- Vielleicht ist es meinem Kollegen nicht bewusst, dass ich seine Äußerungen oft als persönliche Angriffe empfinde. Ich teile ihm das jetzt mit und vereinbare mit ihm ein Zeichen, das ich ihm unauffällig geben kann, wenn ich es wieder so empfinde.

- Meine Kinder sind Langschläfer und stehen morgens nicht gerne auf. Wenn sie langsam sind, dann liegt das daran, dass sie keine Lust haben, so früh aufzustehen.

- Der Fahrer hinter mir scheint es sehr eilig zu haben. Ich fahre rechts ran, dann kann er mich überholen und ich kann in Ruhe weiterfahren.

Eine Frage der Macht

Kennen Sie das? Sie ärgern sich über das Verhalten einer Person. Es ist schon Stunden her, dass Sie sich über jemanden geärgert haben, aber Sie können Ihren Ärger einfach nicht abstellen. Sie liegen im Bett und wollen schlafen, können es aber nicht, weil der andere immer noch in Ihren Gedanken herumgeistert. Sie werden ihn einfach nicht los!

BEISPIEL

Tina ist selbstständig und arbeitet viel von zu Hause aus. Seit Wochen regt sie sich darüber auf, dass ihr neuer Nachbar so laut Musik hört. Bisher hat sie noch nie etwas gesagt. Doch jetzt »ist das Maß voll!« Wütend klingelt sie bei ihm und sagt laut: »Hören Sie endlich auf, Ihre Schrottmusik so laut laufen zu lassen!

Bei dem Lärm kann kein Mensch arbeiten!« Der junge Mann schaut sie an und sagt: »Dass Sie keinen Musikgeschmack haben, kann ich mir ja denken ...«, und knallt die Tür vor der sprachlosen Tina zu. Tatsächlich macht er die Musik leiser, doch Tina kann weiterhin nicht arbeiten. In ihr brodelt es. Sie regt sich auf, »wie unverschämt der junge Typ war«. Nachts kann sie nicht schlafen, weil sie ständig daran denkt, wie respektlos der Kerl ist. Sie starrt an die Decke und schmiedet finstere Rachepläne: »So redest du nicht mit mir, Bürschchen!«

Wieder und wieder spielt sie Situationen vor ihrem inneren Auge durch, wie sie es dem Nachbarn es heimzahlen kann. Um 3 Uhr morgens ist sie immer noch wach ...

Bevor Sie sich hineinsteigern und Ärger und Wut immer mehr werden, ziehen Sie die Notbremse. Das gelingt mit folgender Frage: Weshalb gebe ich dem anderen so viel Macht über mich? Verwenden Sie dazu das 4-Punkte-System: Stabilisieren – Analysieren – Unterstützung – Weitermachen.

Sind Sie bereits zu müde, um die Frage gleich zu klären, verschieben Sie sie auf morgen. Sagen Sie sich laut: »STOPP! Ich nehme mir morgen Zeit, herauszufinden, weshalb ich mich so über die Person aufrege und ihr so viel Macht über mich gebe. Jetzt rege ich mich nicht mehr auf.«

Perspektivwechsel: auf der Suche nach dem eigenen Anteil

Ein Streit, der in uns Ärger oder Wut auslöst, hat immer zwei Seiten. Auf der einen stehen wir mit unserem Standpunkt und unseren Gründen, auf der anderen unser Gegenüber mit seiner Meinung und seinen Gründen. Im Leben gibt es nur selten die eine Wahrheit, die absolut richtig ist. Meist gibt es mehrere Wege, die zu einem Ziel führen. Doch häufig erwarten wir, dass die anderen genau den gleichen Weg vor Augen haben wie wir. Und wenn das beide Seiten jeweils vom anderen erwarten, ist oft Streit vorprogrammiert. Um den Ärger und die Wut auf den anderen ein wenig oder sogar ganz zu dämpfen, hilft daher ein Perspektivwechsel, der uns die Warte der anderen Seite zeigt. Das gelingt, indem Sie sich fragen, was Ihr Eigenanteil an der Auseinandersetzung, am Konflikt sein könnte. Um das zu verdeutlichen, komme ich zurück auf Tina und ihren Schrottmusik hörenden Nachbarn.

BEISPIEL

Tina blaffte ihrem Nachbarn, kaum dass er die Tür geöffnet hatte, entgegen: »Hören Sie endlich auf, Ihre Schrottmusik so laut laufen zu lassen! Bei dem Lärm kann kein Mensch arbeiten!« Ich stelle Tina nun die Frage: »Was ist dein Anteil, dass der andere für dich schwierig ist?«

Tina schaut mich verdutzt an. »Wieso mein Anteil? Er hat die Musik laut laufen lassen und nicht ich!« Sie überlegt trotzdem und sagt dann leise: »Na ja, ich hab ihn gleich ohne Vorwarnung angemotzt. Vielleicht war das nicht okay, und er war völlig überrascht von meinem Angriff.« Vielleicht hätte der Nachbar anders reagiert, wenn Tina gesagt hätte: »Guten Tag, herzlich willkommen im Haus. Ich heiße Tina, bin Ihre Nachbarin und wohne einen Stock unter Ihnen. ... Ich bin selbstständig und arbeite tagsüber von zu Hause aus. Gerade höre ich Ihre Musik, die ich als laut empfinde. Damit ich konzentriert arbeiten kann, ist mir Ruhe wichtig. Aus diesem Grund bitte ich Sie, die Musik leiser zu stellen.«

Warten Sie nicht, bis das Maß voll ist, sondern sprechen Sie Dinge, die Sie stören, frühzeitig in einem konstruktiven Ton und ebensolchen Worten an.

Es braucht Mut und Ehrlichkeit sich selbst gegenüber, die Frage nach dem Eigenanteil an einem Konflikt zu beantworten. Und oft liegt es nicht auf der Hand, wo wir mit der Suche danach beginnen können. Die folgenden Fragen können Ihnen bei der Reflexion helfen:

- Habe ich den anderen kritisiert oder ihm Vorwürfe gemacht?
- Habe ich ihn vor anderen bloßgestellt oder lächerlich gemacht?
- Habe ich ihm Schuldgefühle eingeflößt?
- Habe ich ihn ignoriert oder provoziert?

Es geht hierbei nicht darum, nun selbst in Schuldgefühle zu verfallen, sondern darum, zu erkennen, ob Sie etwas tun können, um die Situation friedlicher und entspannter zu lösen – oder herauszufinden, ob Sie vielleicht beim nächsten Mal gleich anders reagieren sollten.

Trüffelsuche: das Gute im anderen finden

Wir alle leben auf unserer Insel. Im Laufe der Jahre haben Sie sich darauf hoffentlich so eingerichtet, dass Sie sich wohlfühlen. Ich wünsche Ihnen, dass Sie privat nur Menschen auf Ihre Insel einladen, die Sie mögen und deren Insel Sie gerne besuchen. Doch beruflich ist dies nicht immer möglich. Es gibt immer wieder Menschen, deren Handeln negative Emotionen und vielleicht sogar Wut in Ihnen auslöst. Sie könnten dem Betreffenden natürlich sagen: »Kündigen Sie, ich möchte nichts mehr mit Ihnen zu tun haben!« Doch ich vermute, das wird in den meisten Fällen nichts bringen. Sie können sich noch so sehr über jemanden aufregen und wütend auf ihn sein, ändern können Sie ihn nicht. Sie können jedoch Ihre Einstellung ändern, damit Sie einen entspannteren Umgang mit dem anderen finden.

Wenn Sie immer wütender werden, ist es, als ob Sie den anderen vergiften wollen, aber den Becher voller Gift selbst trinken. Ihr Körper reagiert jedes Mal, wenn Sie sich aufregen und wütend werden. Nun stehe auch ich natürlich nicht jeden Morgen mit einem Dauergrinsen auf und rufe: »Es gibt keine Probleme, nur Lösungen!« Allerdings glaube ich daran, dass unsere Gedanken unsere Gefühle beeinflussen.

Fragen Sie sich:

- Was ist das Gute an dem Menschen?
- Wobei kann er mir helfen?

Im Laufe der Jahre habe ich festgestellt, dass jeder Mensch etwas Gutes, etwas Wertvolles an sich hat. Bei manchen müssen Sie etwas länger suchen, doch bei jedem können Sie etwas finden. Das heißt nicht, dass dieses Positive alles überdecken soll, was Ihnen nicht gefällt, doch es kann helfen, den Fokus auf noch etwas anderes zu richten:

»Und was ist da noch außer dem, was mich wütend macht?«

BEISPIEL

Sigrid, eine Coaching-Klientin, erzählte mir: »Meine Kollegin nervt mich fürchterlich. Mittlerweile werde ich bereits dann richtig wütend, wenn sie nur den Mund aufmacht.« »Weshalb wirst du wütend?«, fragte ich sie. Sigrid erwiderte mit ärgerlicher Miene: »In Besprechungen sagt sie immer ihre Meinung. Ich empfinde das als vorlaut, als anmaßend den anderen gegenüber.«

Ich fragte sie: »Was ist das Gute an deiner Kollegin?«

Sigrid antwortete zuerst »Nichts!« Sie schaute mich an und wirkte dabei trotzig. Nach einiger Zeit jedoch ergänzte sie: »Die Kollegin sagt, was sie denkt, und hält nichts zurück, egal wie viele Leute um uns herum sind. Selbst wenn mein Chef mit dabei ist.«

Ich fragte weiter: »Wobei kann sie dir helfen?«

Sigrid antwortete: »Ich könnte von ihr lernen, wie ich mich und meine Meinung besser einbringe. Mir fällt es manchmal schwer, mich klar auszudrücken. Vor allem in Meetings traue ich mich nicht etwas zu sagen. Sie kann das. Ich möchte das auch können!«

Meine nächste Frage war: »Und was ist da noch außer dem, was dich wütend macht?«

Sigrid sagte zunächst gar nichts. Nach einer Weile schaute sie mich an und wirkte sehr traurig, als sie erzählte: »Ich wurde früher oft von meinen Mitschülern ausgelacht, wenn ich etwas vortragen musste. Das hat mich tief verletzt, und ich glaube in Meetings fühle ich mich an die Situation erinnert.«

Sigrid hat erkannt, dass ihre Kollegin ihr dabei geholfen hat eine alte Verletzung anzuschauen, die schon lange in ihr ist und die jetzt geheilt werden darf.

Nutzen Sie Menschen, die Sie ärgern, als »Übungsobjekte«. Freuen Sie sich, dass Sie dank dieser einen noch besseren Umgang mit Ihrer Wut lernen.

Inselhopping

BEISPIEL

Stellen Sie sich vor, Sie fahren im Auto. Vor Ihnen sind zwei Fahrradfahrer, die sich unterhalten. Sie fahren nebeneinander, so dass Sie sie nicht überholen können. Sie werden ärgerlich und denken: »Die behindern mich. Ich habe es eilig.« oder »Geht's noch? Die stehlen mir meine wertvolle Zeit.«

Oft ärgern wir uns, weil wir das Verhalten anderer als unverschämt empfinden, weil wir es nicht nachvollziehen können, wie jemand so handeln kann. Aus diesem Unverständnis erwächst meist Ärger.

Für solche Augenblicke empfehle ich Ihnen das »Inselhopping«. Stellen Sie sich vor, Sie hüpfen auf »die Insel des anderen«, versuchen sich also in dessen Lage zu versetzen. Sie müssen sein Verhalten nicht gutheißen. Doch wenn Sie dies mit der inneren Einstellung machen: »Ich bin neugierig darauf, herauszufinden, was hinter dem Verhalten steckt«, kann Ihnen dies helfen zu entspannen.

Die folgenden Fragen unterstützen Sie dabei, mehr Verständnis für andere Menschen zu entwickeln und vom Ärger in die Gelassenheit zu kommen:

▪ Welche Gründe kann der andere haben, dass er sich so verhält? Kommen wir zum Beispiel von oben zurück: Was können die Gründe dafür sein, dass die Fahrradfahrer momentan nicht auf die Verkehrsregeln achten? Vielleicht haben beide gerade eine wichtige Klausur hinter sich, sind noch ganz aufgedreht und tauschen sich darüber aus. Natürlich könnten die beiden dazu auch anhalten, doch sie machen es im Moment nicht und denken vielleicht vor lauter Aufregung gar nicht daran, dass sie ein Verkehrshindernis sind.

- Habe ich so etwas oder Ähnliches schon einmal getan? Fragen Sie sich: Habe ich mich auch schon einmal ähnlich verhalten und gegen »Regeln« verstoßen? Vermutlich haben Sie das auch schon getan, bewusst oder unbewusst.

Die Fragen können dabei helfen, mit etwas mehr Milde auf eine Situation zu schauen. Das Verhalten der anderen können Sie nicht ändern, doch Sie können sich entscheiden, ob Sie sich darüber aufregen und wütend werden – oder eben nicht.

Am Anfang fällt Ihnen das »Inselhopping« sicherlich noch etwas schwer. Doch umso öfter Sie es machen, umso leichter wird es und umso schneller geht es.

Es ist, wie es ist – von der Akzeptanz und dem Annehmen

Wenn Sie etwas annehmen, wie es ist, dann heißt das nicht, dass Sie dies gutheißen sollen. Wenn Sie es annehmen, kann es Ihnen helfen, einen entspannteren Umgang damit zu finden. Es muss ja nicht gleich von der totalen Ablehnung in die volle Akzeptanz gehen. Sehen Sie es als einen Schritt-für-Schritt-Prozess an.

Um den Ärger, die Wut zu akzeptieren, diese Emotionen also Schritt für Schritt anzunehmen, jeden Tag ein bisschen mehr, kann es Ihnen helfen, wenn Sie immer wieder zu sich sagen: »Heute werde ich meinen Ärger, meine Wut ein klein wenig mehr annehmen. Ich werde ein klein wenig mehr akzeptieren, dass es sie in meinem Leben gibt!«

Stellen Sie sich eine Situation vor, in der Sie ärgerlich waren oder wütend geworden sind. Denken Sie jetzt intensiv daran zurück. Waren Sie ärgerlich oder wütend auf eine Person? Was genau hat Sie geärgert? Was ist geschehen?

Vielleicht kam Ihre Chefin zu Ihnen und hat sie gefragt: »Bis wann sind Sie mit der Präsentation fertig?« Sie merkten, wie Sie immer ärgerlicher wurden, und antworteten aufbrausend: »Na dann, wenn ich fertig bin! Wie Sie sehen, ist mein Schreibtisch voll mit vielen Themen. Oder übersteigt das Ihr Sehvermögen. Wenn ja, gehen Sie mal wieder zum Augenarzt!«

Während Sie sich an das Erlebte erinnern, wehren Sie sich dagegen. Seien Sie mit allen Sinnen dagegen, dass diese Situation geschehen ist und Sie ärgerlich oder wütend reagiert haben.

Während Sie dagegen sind, beantworten Sie sich folgende Fragen:

- **Was denke ich?** Vielleicht kommt ein Gedanke wie »Oh nein, wieso habe ich auf die Frage meiner Chefin nicht souverän reagiert?« oder »Mir wäre lieber, ich hätte das nie so gesagt!« usw.

- **Was für ein Gefühl habe ich dabei?** Vielleicht spüren Sie Scham dafür, wie Sie in der Situation reagiert haben.

- **Was spüre ich in meinem Körper?** Vielleicht spüren Sie einen Druck auf der Brust. Nehmen Sie alles wahr, was Sie in diesem Augenblick denken, fühlen und spüren.

Führen Sie sich jetzt noch einmal die gleiche Situation vor Augen. Angenommen, Sie erlauben sich einen Augenblick zu akzeptieren, dass die Situation so war, wie sie war. Ohne Widerstand. Sie erlauben sich innerlich mit einem »Ja, so war es«, es so anzunehmen, wie es geschehen ist.

Beantworten Sie dann wiederum folgende Fragen:

- **Was denke ich?** Vielleicht denken Sie: »Wie ich es gesagt habe, war nicht in Ordnung, doch dass ich meiner Chefin Grenzen aufgezeigt habe, war gut. Ich finde Sie setzt mich und das Team zu sehr unter Druck, indem Sie zu allen Projekten »Ja« sagt, die wir vom Vorstand bekommen. Wir haben alle so viele Überstunden und ich merke, wie mir das an die Nieren geht. Deswegen bin ich so wütend. Ich werde mich bei ihr entschuldigen und ihr nochmals in Ruhe sagen, wie es mir mit der Situation gerade geht!«

- **Was für ein Gefühl habe ich dabei?** Vielleicht fühlen Sie sich etwas erleichtert.

- **Was spüre ich in meinem Körper?** Vielleicht spüren Sie, wie sich Ihr Brustkorb etwas entspannt.

Nehmen Sie alles wahr, was Sie in diesem Augenblick denken, fühlen und spüren.

Glücklich und zufrieden

Gehören Sie zu den Menschen, die am Sonntagmorgen bereits denken: »Oh nein, bald ist wieder Montag!«, für die das Glas eher halb leer als halb voll ist? Zu denjenigen, die sich ständig darüber ärgern, wie schlecht alles ist?

BEISPIEL

Als ich meine Lehre bei einer Bank machte, versammelten sich in schöner Regelmäßigkeit mittwochs einige Kollegen in der Teeküche, um gemeinsam zu jammern: »Oh nein, morgen ist schon wieder Schlado!« Schlado war eine Abkürzung für »Scheiß-langer Donnerstag«. Die Bank war donnerstags nämlich immer bis 18 Uhr geöffnet und alle hatten bis zum Ende zu arbeiten. Die Kollegen stachelten sich in ihrem Ärger über den bevorstehenden Tag gegenseitig hoch. Dass sie dafür den Mittwochnachmittag frei hatten, schienen sie zu übersehen. Der Ärger war in die Teeküche eingezogen und hatte sich breitgemacht!

Wer weiß, was ihn glücklich und zufrieden macht, und danach auch – zumindest so, wie es ihm möglich ist – lebt, ruht in sich selbst und lässt sich durch ärgerliche Situationen nicht so schnell aus der Ruhe bringen.

Angenommen, Sie stellen sich einen Augenblick vor, dass Sie jetzt im Moment glücklich und zufrieden sind. Wie genau sieht das aus? Was müsste sein oder geschehen, dass es so ist? Nehmen Sie sich Zeit und denken Sie in aller Ruhe über folgende Fragen nach:

- Was macht mich glücklich?
- Was macht mir Spaß?
- Was schenkt mir Zufriedenheit?
- Was begeistert mich?
- Was bringt mir Lebensfreude?
- Wann und wo empfinde ich Frieden?
- Was davon mache ich am liebsten alleine?
- Welche Augenblicke teile ich gerne mit bestimmten Menschen? Welche Menschen sind das?
- Welche fünf besonderen Glücksmomente gab es in meinem Leben?
- Wie kann ich dazu beitragen, die Welt ein klein wenig schöner zu gestalten? Wie kann ich anderen glückliche Momente und zufriedene Augenblicke schenken?
- Wie kann ich mehr von dem, was mich glücklich und zufrieden macht, in mein Leben lassen?

Vergeben: Ärger loslassen und inneren Frieden finden

Ärgern Sie sich noch immer über die Bemerkung, die Ihr Kollege vor vier Wochen äußerte? Sind Sie noch immer wütend auf Ihre Nachbarin, die vor drei Wochen auf Ihrem Parkplatz geparkt hat?

Was geschehen ist, ist geschehen. Situationen wie diese lassen sich nicht rückgängig machen. Sie können sie nicht ändern. Sind Sie deswegen machtlos? Nein, nicht ganz! Sie können die Vorfälle nicht mehr ändern, doch Sie können sich entscheiden, jetzt Ihren Ärger loszulassen und Ihren inneren Frieden damit zu machen. Damit das gelingt, kann es hilfreich sein, eine uralte Technik anzuwenden: Vergeben. Vergeben Sie sich und anderen. Das bedeutet nicht etwa, dass Sie gut finden sollen, was andere getan haben. Vergeben heißt, den Ärger loszulassen, um inneren Frieden zu finden.

Sie sagen jetzt vielleicht: Vergeben – leichter gesagt als getan! Mit der folgenden Reflexion fällt das Vergeben ein bisschen leichter.

Suchen Sie sich einen ruhigen Ort, an dem Sie ungestört sind. Schließen Sie die Türe. Setzen Sie sich bequem hin. Atmen Sie ein paar Mal ein und wieder aus. Spüren Sie mit den Händen, wie sich beim Einatmen Ihre Bauchdecke leicht hebt, um sich beim Ausatmen wieder zu senken. Wenn Sie mögen, schließen Sie Ihre Augen. Oder halten Sie Ihren Blick auf einen bestimmten Punkt gerichtet. Sie können sich bei dieser Übung auch vor einen Spiegel stellen und sich selbst betrachten.

1. Phase: »Ich vergebe mir«

Seien Sie liebevoll mit sich. Beginnen Sie damit, sich selbst zu vergeben. Sagen Sie laut: »Ich vergebe mir selbst, dass ich mich so lange über die Situation geärgert habe und mich damit verletzt habe«. Sagen Sie es nicht streng oder so, als ob ein gnädiger Richter Ihnen huldvoll die Begnadigung schenkt. Sagen Sie es mit einem liebevollen Lächeln und der inneren Einstellung: »Ich möchte, dass es dir gut geht, ich mag dich, ich liebe dich von Herzen!«.

Sagen Sie sich selbst mehrmals laut:

»Ich vergebe mir!«

Sagen Sie es so lange, wie es für Sie passend ist. Spüren Sie dabei in sich hinein:

- Wie fühlt sich Ihr Körper an?
- Was denken Sie dabei?
- Was nehmen Sie noch wahr?

2. Phase: »Ich vergebe dir«

Stellen Sie sich jetzt die Person vor, über die Sie sich geärgert haben, die Sie verletzt hat. Stellen Sie sich vor, sie steht vor Ihnen. Sagen Sie laut zu ihr: »Ich vergebe dir, dass du mich geärgert, dass du mich verletzt hast.« Sagen Sie mehrmals laut:

»Ich vergebe dir!«

Sagen Sie »Ich vergebe dir« so lange, wie es für Sie passend ist. Spüren Sie dabei in sich hinein:

- Wie fühlt sich Ihr Körper an?

- Was denken Sie dabei?

- Was nehmen Sie noch wahr?

Vielleicht ist es nicht möglich, alles zu vergeben. Aber vielleicht wird aus der großen Wut ein etwas kleinerer Ärger, und vielleicht sogar noch etwas weniger. Vielleicht verraucht Ihr Ärger auch ganz. Alles das ist völlig in Ordnung.

Wenn Sie fertig sind und es genug für heute ist, atmen Sie noch mehrere Male ganz bewusst ein und wieder aus. Strecken Sie sich. Wenn Sie mögen, schreiben Sie auf, was Sie erlebt haben!

Gut hosch´s g´macht! – die Lobesätze-Übung

Diese Übung kann Ihnen dabei helfen, dass Ihr Ärger etwas weniger wird oder sogar ganz verfliegt.

Stellen Sie sich vor einen Spiegel. Schauen Sie sich an und sagen Sie laut zu Ihrem Spiegelbild, wofür Sie sich heute dankbar sind und was Sie alles gut gemacht haben. Am Schluss klopfen Sie sich auf die Schulter, während Sie laut zu sich sagen:

»Gut gemacht!«

So belohnen Sie sich und wertschätzen sich für das, was Sie heute alles erreicht haben. Durch die Konzentration auf all das Positive können Situationen aus Ihrer Gedankenwelt verschwinden, die Sie geärgert haben – zumindest vorübergehend.

Sie können sich Ihren eigenen Lobe-Satz ausdenken oder ihn im eigenen Dialekt formulieren, so zum Beispiel »Gut hosch's g'macht!«.

Einatmen – Ausatmen – Weiterleben

Lassen Sie mich diesen TaschenGuide mit einer kleinen Geschichte beenden, die ich 2016 erlebt habe.

Es ist Sommer. Ich bin etwas müde. Viel zu tun. Viel unterwegs. Umso mehr freue ich mich darauf, heute den Tag entspannt im Café zu beginnen. Gemütlich setze ich mich hin, voller Vorfreude auf einen Espresso und ein leckeres Frühstück. Die Zeitung in der Hand sinke ich in den Sessel und bin glücklich mit mir und der Welt.

»Das kannst du so nicht sagen!«, faucht es laut neben mir. Irritiert schaue ich neben mich. Zwei Augenpaare starren zurück. Etwas leiser, doch weiterhin wild gestikulierend und mit bösen Blicken streiten ein Mann und eine Frau weiter. Mein friedliches Glücksgefühl verschwindet augenblicklich. Gedanken machen sich in meinem Kopf breit: »Ach Mensch, ausgerechnet heute … können die nicht zu Hause streiten … ich will meine Ruhe!« Ich merke, wie ich ärgerlich werde …

»STOPP, nicht aufregen!«, beruhige ich mich schnell und suche eine Lösung. Ich schaue mich um. Leider ist kein anderer Platz mehr frei. In ein anderes Café gehen? Nein, ich habe schon bestellt und wenn ich nicht schnell etwas zu essen bekomme, werde ich aggressiv und irgendwann wütend (Schöne Grüße an alle, denen es genauso geht!).

Also gut, ich werde bleiben. Ich beschließe, das Streitgespräch als »Paarstudie« zu sehen – die Sexualpädagogin in mir erwacht! Die beiden fallen sich gegenseitig ins Wort. Sie scheinen einander überhaupt nicht zuzuhören. Er hebt drohend seinen rechten Zeigefinger gegen sie. Sie geht mit ihrem Oberkörper so weit nach vorne, als ob sie sich jeden Augenblick auf ihn stürzen und ihn zerfleischen möchte. Ich werde neugierig und bin kurz davor, aufzustehen und zu fragen, ob sie etwas lauter reden können. Da sie so leise sprechen, verstehe ich nur Wortfetzen. Ich kann mich gerade noch zurückhalten und erinnere mich daran, dass ich heute frei habe.

»Einatmen – Ausatmen – Weiterleben« ... Mir hilft es tief durchzuatmen! Ich schaue mich im Café um. Ich höre George Clooney laut »I am a Man of Constant Sorrow« aus dem Film O Brother, Where Art Thou?« singen. Ich liebe den Song und Film. Glücklich höre ich weiter zu. Das Paar neben mir ist aus meinem Fokus gerückt. Ich schaue mich im Café um. Beobachte die Menschen. Stelle mir vor, was sie so machen, wer sie sind, wie sie leben. Ein junger Mann lächelt mich an. Ich lächle zurück.

Inzwischen läuft Yann Tiersen – La valse des monstres. Ich gehe auf Gedankenreise und erinnere mich an »Die fabelhafte Welt der Amelie«. Ich habe Lust, mir den Film wieder anzuschauen. Ich erinnere mich an Paris. An den Geschmacksorgasmus, den ich im »Chez L'Ami Jean« erlebt habe!

Und plötzlich bin ich den Streithähnen dankbar ... Sie haben mich wieder daran erinnert, dass das Leben viel spannender ist als jede Zeitung! Lächelnd trinke ich meinen Espresso.

Ärger und Wut gehören zu unserem Leben: Sie sind Anteile, die gehört werden wollen, weil sie uns Wichtiges zu sagen haben. Es geht nicht darum, sie mit voller Wucht herauszulassen oder sie zu unterdrücken. Wichtig ist nur zu wissen, wie wir damit umgehen.

Ich wünsche Ihnen hierfür alles Gute auf Ihrem Weg. Mögen Sie sich im richtig Augenblick daran erinnern: »Einatmen – Ausatmen – Weiterleben«!

Literatur

Auch-Schwelk, Annette, Erfolgreich mit Selbstbewusstsein. Das »Ich bin Ich«-Prinzip, Haufe 2014.

Auch-Schwelk, Annette, Mit Schmerzen leben: Das Übungsbuch bei akutem und chronischem Schmerz, Junfermann 2017.

Barouti, Ingrid, Selbstwirksamkeit aufbauen: Wie Sie Herausforderungen aus eigener Kraft bewältigen, Haufe 2018.

Dudenko, Julia, Mein Wut-Kritzelbuch: Für weniger Wut im Bauch, Pattloch 2015.

Gentry, W. Doyle, Aggressionen bewältigen für Dummies, Wiley-VCH Verlag 2013.

Larsson, Liv, Wut, Schuld und Scham – Drei Seiten der gleichen Medaille, Junferman 2012.

Levine, Peter A./Phillips, Maggie, Vom Schmerz befreit, Kösel 2013.

Portelance, Colette, Das kleine Übungsheft: Seelische Wunden heilen, Trinity 2014.

Rosenberg, Marshall B., Gewaltfreie Kommunikation: Eine Sprache des Lebens, Junfermann 2016.

Schmid, Wilhelm: Gelassenheit: Was wir gewinnen, wenn wir älter werden, Insel 2014.

Wolf, Doris/Merkle, Rolf: Gefühle verstehen, Probleme bewältigen: Eine Gebrauchsanleitung für Gefühle, PAL Verlag 2012.

Stichwortverzeichnis

Impressum

Bibliografische Information der Deutschen Nationalbibliothek
Die Deutsche Nationalbibliothek verzeichnet diese Publikation in der Deutschen Nationalbibliografie; detaillierte bibliografische Daten sind im Internet über http://www.dnb.dnb.de abrufbar.

Print: ISBN: 978-3-648-16609-3   Bestell-Nr.: 10748-0003
ePub: ISBN: 978-3-648-16610-9   Bestell-Nr.: 10748-0102
ePDF: ISBN: 978-3-648-16611-6   Bestell-Nr.: 10748-0152

Annette Auch-Schwelk
Wut und Ärger – Gut umgehen mit starken Gefühlen
3. Auflage 2022

© 2022, Haufe-Lexware GmbH & Co. KG, Freiburg
www.haufe.de
info@haufe.de

Produktmanagement: Jürgen Fischer
Bildnachweis (Cover): shanP, Nastco (alle iStock by Getty Images);
Bildbearbeitung Simone Kienle

Die Autorin

Annette Auch-Schwelk

ist Geschäftsführerin der Auch-Schwelk GmbH und als Coach, Rednerin und Autorin aktiv. Seit 1998 ist sie in der Weiterbildung tätig, auch als Führungskraft. 2004 machte sie sich selbstständig mit dem Schwerpunkt Persönlichkeitsentwicklung. Sie begleitet mit ihrer langjährigen Erfahrung und ihrem Wissen Menschen bei – auch tiefgreifenden – Veränderungen. Sie verfügt über zahlreiche Ausbildungen, unter anderem zum »Integrativen Coach« (European Coaching Association). 2011 erschien ihr Hörbuch »Erfolgreich mit Selbstbewusstsein: Das »Ich bin Ich«-Prinzip«, im selben Jahr der gleichnamige Bestseller und 2017 das Buch »Mit Schmerzen leben – Das Übungsbuch bei akutem und chronischem Schmerz«. Weitere Informationen unter www.auchschwelk.de.

Seit 2013 unterstützt Annette Auch-Schwelk nestwärme e. V., ein Verein, der sich um schwerstkranke Kinder, Sterbende und deren Angehörige kümmert. Sie möchten ebenfalls helfen? Informationen finden Sie unter www.nestwaerme.de. Danke!

Dank

Herzlichen Dank an Jürgen Fischer, Elvira Plitt und Heiner Huß vom Haufe Verlag, Nicole Jähnichen, Lektorat, meine Familie und Freunde, Ingrid Barouti für Freundschaft und Austausch, allen Coaching-Klienten und Seminar-TeilnehmerInnen.